A TU PROPIO RITMO

A TU PROPIO RITMO

Sin estrés y con respeto:
las nuevas claves de la productividad y
el éxito para las mujeres

dNX

A tu propio ritmo

PO Box 8835, Bend, OR 97708
contact@bluestarpress.com
www.bluestarpress.com

Título original: *The Hustle Cure*
Traducción: Camila Cerutti Ozón

Rosellón, 186, 5º- 4º, 08008-Barcelona, España
Tel (34) 930 000 865
e-mail: info@dnxlibros.com
www.dnxlibros.es

Diseño e ilustración de cubierta
e interiores: Marcia Fernández (@luperka_fantasy)

Primera edición: octubre de 2025

ISBN: 978-84-19467-71-3
Depósito legal: B 12993-2025

Impreso en España - *Printed in Spain*

AVISO LEGAL

Este libro tiene fines informativos y educativos únicamente. No está destinado a sustituir el consejo médico de ningún profesional de la salud. Las lectoras deberán consultar con su médico cualquier asunto relacionado con su salud. La información contenida en este libro no tiene la intención de tratar, diagnosticar, curar ni prevenir ninguna enfermedad. Este libro no está patrocinado ni respaldado por ninguna organización. La información que aparece en este libro se basa en la experiencia y las investigaciones llevadas a cabo por la autora. Ni el editor ni el autor asumen ninguna responsabilidad por los daños de cualquier tipo que puedan derivarse, directa o indirectamente, del uso de la información contenida en este libro. Los nombres de los clientes y los datos identificativos han sido modificados para proteger la privacidad de las personas involucradas.

Para Seren

ÍNDICE

INTRODUCCIÓN

Cuando te enfrentas a un momento importante y abrumador, ¿cuál es tu estrategia para afrontarlo por defecto? ¿Llamas a una amiga? ¿Sales a tomar aire fresco? ¿Escribes en tu diario? O tal vez, como yo, te encuentras de pie junto a la nevera comiendo bocadillos por el pánico.

He probado todas estas estrategias, pero mi solución por defecto siempre han sido los libros. A lo largo de mi vida —ya sea durante un duelo, un cambio profesional o una nueva etapa vital— las palabras de otras personas han estado ahí para guiarme y reconfortarme. Y siempre que una amiga tiene problemas, tengo un libro para recomendarle. Es mucho más probable que recibas de mi parte un libro de tapa blanda por correo que un ramo de flores.

Por eso, cuando me enteré de que estaba embarazada en el verano de 2022, no fue ninguna sorpresa que lo primero que hice (después de mirar incrédula el test con mi marido durante al menos una hora) fuera empezar a añadir libros a la cesta de mi compra online. Pero no eran libros relacionados con los bebés como *Qué esperar cuando se está esperando* o *El embarazo no es como te lo contaron* los que estaba pidiendo frenéticamente. No, el primer lugar al que me dirigí, al darme cuenta de que nuestras vidas estaban a punto de cambiar para siempre, fue al género de productividad y gestión del tiempo.

Cuando me imaginaba la vida con un bebé, una pregunta me rondaba por la cabeza: ¿Cómo voy a gestionarlo todo? Había trabajado duro para construir una carrera exitosa que al fin estaba floreciendo. Trabajaba con clientes de ensueño y escribía para revistas que había leído desde la adolescencia, y estaba a punto de publicar mi primer libro. Pero lo estaba haciendo sola. Como dueña de una empresa unipersonal, no tenía a nadie más que asumiera la carga, nadie más que tomara las riendas mientras yo me iba de baja por maternidad. Y tenía la sensación de que todo el mundo con el que compartía mi noticia estaba deseando hablarme de lo mucho que cambiaría mi vida y del poco tiempo que tendría una vez que llegara nuestra pequeña. Había deseado tener un bebé, pero ahora que tenía la suerte de estar esperando uno, no podía dejar de preocuparme por la logística de cómo conseguir que funcionara. Mi vida ya estaba llena y estaba a punto de estarlo aún más. Tendría que ceder en algo.

Desesperada por encontrar respuestas, recurrí a los expertos. Devoré todos los libros que encontré sobre productividad y gestión del tiempo: *Hábitos atómicos*, *Esencialismo*, *Make Time: Cómo enfocarte en lo que importa cada día*, *El club de las 5 de la mañana*; todos los clásicos. Me puse a escuchar pódcasts que prometían ayudarme a convertirme en mi mejor versión y seguí a influencers que juraban que sus rutinas probadas y comprobadas me ahorrarían tiempo y energía. Vi innumerables videos en YouTube e hice clic en todos los artículos que encontré. Incluso me gasté un dineral en un diario de productividad que garantizaba que me ayudaría a manejar mi agenda con éxito.

De la noche a la mañana, me convertí en una erudita en el arte de hacer las cosas y estudié a fondo toda la información que pude encontrar durante esas tentativas y agotadoras primeras semanas de embarazo. Y, aunque aprendí algunos consejos útiles, me di cuenta rápidamente de dos cosas. En primer lugar, esos libros no estaban escritos por o para personas como yo. La mayoría estaban escritos por hombres, de hecho, cuando realicé mis compras, los únicos libros escritos por mujeres acerca de la gestión del tiempo en la sección «Negocios» en Amazon eran acerca del *batch cooking*[1]... en serio. Y la mayoría de esos hombres parecían ser actores clave en el mundo corporativo o en la creación de las empresas, con una gran abundancia de recursos para respaldarlos en su búsqueda de la productividad. Sus consejos, aunque sólidos, a menudo me resultaban difíciles de aplicar a mi vida y a mi situación. También había una evidente ausencia de contenidos que abordaran las cargas específicas a las que se enfrentan las mujeres. No encontraba consejos ni herramientas relacionados con las conversaciones que mis amigas y yo manteníamos sobre la carga mental, la expectativa de la sociedad de que las mujeres «lo tengan todo» o las fluctuaciones diarias de nuestras hormonas que repercuten en nuestras vidas. Todos esos factores influyen de forma significativa en nuestros niveles de productividad, pero no pude encontrar ningún material que los reconociera.

Mi segunda conclusión al leer estos libros y escuchar aquellos pódcasts fue la dominante sensación de seriedad y pesadez. Se hacía especial hincapié en la fuerza de voluntad, la determinación y el trabajo duro, o en tener un «sistema» infalible que favoreciera la productividad. Parecía asumirse que podríamos tratarnos a nosotras mismas como máquinas, una idea que

[1] El *batch cooking* consiste en preparar varios alimentos en grandes cantidades en un solo día y congelarlos para luego a lo largo de la semana realizar distintas preparaciones con ellos.

choca con el trabajo de mi vida, que se basa en la alegría y en ayudar a las personas a encontrar más de ella. La gestión del tiempo y el mundo de la productividad parecen operar de acuerdo con las nociones aceptadas de que el único objetivo es lograr más y que el éxito se define solo por los logros. Pero ¿no deberíamos centrarnos en hacer más de lo que enriquece nuestras vidas? Este aspecto parecía en gran medida inexplorado, y me preguntaba por qué.

La productividad ha sido un tema de debate durante siglos, y se ha examinado desde muchas perspectivas: la biología evolutiva, la tecnología, la moralidad y el *mindfulness* por nombrar algunas. Consulta la lista de los libros de no ficción más vendidos en una semana cualquiera y encontrarás al menos un libro sobre la gestión del tiempo y la productividad. Sin embargo, como descubrí, gran parte de la literatura existente aún se siente incompleta. Tal vez se deba a que el panorama ha evolucionado con tanta rapidez en relativamente poco tiempo, con más mujeres que nunca en el mercado laboral, la tecnología que avanza a una velocidad vertiginosa y las presiones a las que nos enfrentamos que son cada vez mayores. Tal vez se deba a que, hasta hace relativamente poco, solo hemos invitado a un tipo de persona a la conversación sobre productividad, lo que significa que se está pasando por alto toda una parte de la experiencia vivida. En los libros que leía no me encontraba a mí misma ni los desafíos a los que me enfrentaba, y mis conversaciones con amigas y clientes revelaron que ellos sentían lo mismo.

Este es un punto crucial para tener en cuenta porque el contenido que consumimos —ya sea a través de la lectura, escuchándolo o viéndolo— determina cómo nos percibimos a nosotras mismas. Cuando no vemos nuestras realidades reflejadas en lo que consumimos, podemos empezar a creer que estamos haciendo algo mal o que tenemos que corregirlo de alguna manera. Yo lo sé de primera mano porque ha sido la experiencia que he vivido.

Llevo leyendo libros como los que acabo de describir desde que era una adolescente. Recuerdo que buscaba en las estanterías de desarrollo personal de la biblioteca, y que cada semana me traía mis últimos hallazgos a casa con entusiasmo. Cuando me hice mayor, llené mis propias estanterías con títulos similares. Cada vez que compro un libro de desarrollo personal, lo abro y me sumerjo en él entusiasmada, subrayo párrafos y marco ejercicios para volver a consultarlos más tarde. Creo planes que me ayuden a poner en práctica los consejos y las estrategias, convencida de que este será el método o la rutina que por fin me permita realizar un cambio. Empiezo con ambición, cargada de energía y optimismo.

Y luego, inevitablemente, fracaso. Acabo dándole al botón de posponer la alarma porque despertarme a las cinco de la mañana me parece una hazaña imposible. Dedico tanto tiempo a intentar clasificar a la perfección mis listas de tareas pendientes que me quedo sin tiempo para realizarlas.

Trazo una nueva rutina que parece «ideal» según los consejos de los expertos y me lanzo a seguirla, solo para abandonarla unos días después cuando me doy cuenta de que es incompatible con mi desordenada y caótica vida real. Cada vez que lo he intentado he fracasado, y he interiorizado ese fracaso como un reflejo de mi carácter. Me he dicho a mí misma que soy demasiado perezosa, débil o que estoy desmotivada. Me he regañado por no desearlo lo suficiente. Me he sentido avergonzada porque, a pesar de que alguien me había proporcionado un modelo, no había podido hacer un cambio. Tal vez hayas tenido una experiencia similar.

No sé qué cambió en el verano de 2022. Tal vez fueron los años de experiencia como *coach* en mi haber y la certeza de que no era la única que se enfrentaba a estos problemas. Tal vez las experiencias que buscaba leer eran, obviamente, demasiado escasas. O tal vez fuera el hecho de que mi cuerpo estaba ocupado en el crecimiento de otro ser humano y ya no me parecía preciso calificarme a mí misma como débil o perezosa. Pero a medida que leía esos libros y no encontraba nada relacionado con mi vida en sus páginas, la frustración se alejaba de mí. En su lugar, me frustró la idea de que solo un pequeño subgrupo de la sociedad se considera cualificado para ser experto en productividad. Me frustraba que estos libros parecieran ignorar nuestra humanidad inherente: los flujos y reflujos de energía, los imprevistos que nos arroja la vida y la realidad de que, a veces, por mucho que nos esforcemos, no podemos confiar únicamente en nuestra determinación o fuerza de voluntad. Me frustraba la visión superficial de la productividad que predominaba en la literatura, con su gran énfasis en el hacer y mucha menos atención en la exploración de lo que realmente queremos conseguir.

Me asaltaba una pregunta: ¿por qué nadie escribe libros como este para personas como yo; para los que hacen malabares con muchas obligaciones y tienen pocas probabilidades de perfeccionar una rutina infalible; para las personas ambiciosas y motivadas que se niegan a sacrificar su alegría; para los que quieren hacer cosas, pero no tienen el mismo nivel de energía todos los días; para las personas que han probado todas las estrategias efectistas y buscan algo que funcione en sus vidas desordenadas, caóticas e imperfectas?

Busqué ese libro por todas partes, pero no encontré nada. Así que decidí escribirlo yo misma.

Deja ir lo que te han dicho

Quiero empezar advirtiéndote que este no es el típico libro de productividad. No encontrarás ningún estímulo para seguir adelante y trabajar duro hasta tachar todos los elementos de tu lista de tareas pendientes. No habrá consejos sobre cómo realizar varias tareas a la vez de forma más eficaz ni sobre qué técnica de bloqueo del calendario te ayudará a sacar el máximo partido a tu día. No repetiré los típicos mantras de productividad como «Las decisiones que tomas son un voto para la persona que quieres ser» o «Tienes que trabajar más inteligentemente, no más duro». De hecho, te insto a que olvides toda la retórica que puedas; sé que es más fácil decirlo que hacerlo cuando llevamos tanto tiempo absorbiéndola consciente y subconscientemente.

En cambio, el objetivo de este libro es ayudarte a conocerte mejor a ti misma. Te guiará para que explores tu relación con la productividad y descubras los orígenes de tus creencias sobre cómo hacer las cosas. Reconocerá tus circunstancias particulares, las presiones a las que te enfrentas y las diversas responsabilidades con las que haces malabares, y te permitirá ver por qué tal vez te ha costado hacer cambios en el pasado. Este libro te proporcionará las herramientas que necesitas para definir el éxito en tus propios términos y para aclarar qué añadirá más alegría a tu vida, y te permitirá sentirte motivada por tus propios deseos auténticos en lugar de esforzarte para alcanzar los objetivos de otra persona. Y lo que es más importante, te ayudará a abrazar tus puntos fuertes, a conectar con tu intuición y a aprovechar tu energía de la forma que mejor te funcione.

Creo de todo corazón que el mejor enfoque de la productividad es aceptar que todos somos individuos únicos. ¿No tiene más sentido celebrar esa singularidad y utilizarla en tu búsqueda para lograr más en lugar de malgastar tu energía limitada intentando ser alguien que no eres? ¿No es más lógico centrar tus esfuerzos en las cosas que te aportarán más alegría a la vida en lugar de quemarte intentando seguir el ritmo de la lista de tareas pendientes de otra persona?

Si eres como yo, es probable que hayas probado la antigua forma de hacer las cosas y te hayas dado cuenta de que no te funcionó bien. Es hora de probar un enfoque diferente. Abandonemos la idea de que otra persona tiene todas las respuestas y empecemos a utilizar nuestra propia magia única.

Nota sobre a quién está dirigido este libro

Sería también un descuido por mi parte no reconocer que este libro está escrito principalmente para mujeres, así como para personas no binarias que pueden experimentar muchos de los mismos desafíos. Tomé esta decisión porque, al haber trabajado con personas de todos los géneros en mi práctica de *coaching*, me ha quedado claro que la carga que soportan las mujeres y las personas no binarias es significativamente diferente a la de nuestros homólogos masculinos. Aunque nos enfrentaremos a muchos de los mismos desafíos, hay experiencias que serán únicas para nosotras, como el sexismo, el edadismo y el impacto de nuestra biología (tanto si elegimos tener hijos como si no), y las expectativas que la sociedad y nuestras comunidades tienen puestas en nosotras suelen ser mayores. Quería crear un espacio para que reconociéramos esas experiencias y comprendiéramos cómo influyen en nuestra relación con la productividad y nuestra búsqueda de logros. Mi esperanza es que, centrándonos específicamente en los desafíos a los que se enfrentan las mujeres y las personas no binarias, podamos empezar a abrir las conversaciones en torno a la productividad de una forma que resulte más inclusiva.

A lo largo del libro, comparto ejemplos de mis propias experiencias vividas, así como las de mis clientes. Por esa razón, también es importante para mí reconocer el privilegio que tengo. Escribo desde la perspectiva de una mujer blanca, cis, sin discapacidades, y sé que mis experiencias y oportunidades han sido moldeadas por esos privilegios. Me he esforzado por hacer este libro lo más inclusivo posible, pero, si en algún momento lo que estoy escribiendo no te parece fiel a ti y a tu realidad, está bien. Cada vez que leo un libro de desarrollo personal últimamente, guardo un pequeño mantra en mi cabeza: «toma lo que es útil y deja lo que no lo es». Por favor, siéntete libre de tomar prestado ese mantra mientras te sumerges en estas páginas.

Como te contaré muchas veces en los próximos capítulos, no hay una manera correcta de hacer las cosas en la vida, solo la que tú sientas que es la correcta. Espero que este libro no solo te ofrezca nuevas perspectivas sobre el tema de la productividad, sino también herramientas y ejercicios que te ayuden a considerar tu realidad y tus necesidades para que puedas empezar a hacer los cambios que te parezcan más felices y significativos.

Cómo está organizado este libro

Este libro se propone explorar un nuevo enfoque de la productividad, uno más accesible y centrado en lo humano. Un enfoque que no solo reconoce nuestras cualidades y peculiaridades únicas, sino que también nos ayuda a utilizarlas en nuestro beneficio. Este enfoque nos permite abrazar nuestro yo defectuoso, imperfecto y a veces caótico sin sentirnos culpables o avergonzadas. Y lo que es más importante, promueve una forma de ser productivas más intencionada, alegre y con mayor impacto.

Mi formación en psicología positiva ha demostrado que, cuando abrazamos nuestras fortalezas y perseguimos nuestros objetivos de una manera que se alinea con nuestros valores, aumentamos de manera significativa nuestras posibilidades de éxito. Cientos de horas dedicadas a asesorar a personas brillantes me han demostrado que no existe un enfoque único para la productividad. Además, mis propias experiencias personales me han demostrado que, cuando empezamos a desprendernos de todo lo que nos han enseñado sobre la productividad y la gestión del tiempo, podemos descubrir una forma mucho mejor de hacer las cosas. A lo largo de este libro entrelazaré conocimientos de psicología positiva, estudios de casos de mis clientes y mis propias experiencias para ayudarte a descubrir cómo hacer las cosas de una manera que te funcione a ti.

En la Parte 1 evaluaremos nuestra relación con la productividad y comenzaremos a replantearla. Exploraremos los orígenes de nuestro incansable deseo de productividad y examinaremos cómo la búsqueda constante de «más» afecta nuestra alegría y nuestro bienestar. A continuación, definiremos nuestras propias versiones del éxito y determinaremos qué es «suficiente» para cada una de nosotras, y rechazaremos las expectativas que no nos ayuden en el proceso. Además, profundizaremos en el papel del descanso para mejorar la productividad, y exploraremos las distintas formas en que podemos recargarnos y por qué son tan importantes.

La Parte 2 se centrará en la importancia de hacer las cosas a tu manera, y te equiparé con las herramientas que necesitas para lograrlo. Examinaremos nuestros ciclos naturales de energía y exploraremos cómo podemos aprovecharlos para aumentar la productividad, y nos centraremos en el impacto que pueden tener en nosotras factores como nuestras hormonas o nuestras preferencias de sueño. También exploraremos por qué aprovechar tus puntos fuertes puede ser el superpoder que no sabías que tenías y descubriremos cómo son para ti la fluidez y el equilibrio.

Por último, en la Parte 3 nos adentraremos en el Método de la alegría, mi modelo probado y comprobado que te ayudará a liberarte de las reglas y los programas de productividad prescriptivos que has encontrado hasta ahora. En su lugar, aprenderás a adoptar la productividad de una manera que te resulte alegre, satisfactoria y significativa. Como todo este libro trata sobre cómo hacer que la productividad funcione para ti, también te guiaré sobre cómo personalizar el método para que se adapte a tu vida y a tus prioridades.

Para ayudarte a aplicar las ideas y los conceptos compartidos en este libro a tu propia vida, te presentaré los arquetipos de productividad en el Capítulo 2. Existen cuatro arquetipos de productividad: la hacedora, la perfeccionista, la soñadora y la procrastinadora. Estos arquetipos se han desarrollado a partir de mi amplia experiencia ayudando a clientes con todo tipo de cambios y desafíos. Una vez que identifiques qué arquetipo de productividad resuena más contigo, encontrarás herramientas y sugerencias personalizadas en todo el libro que te ayudarán a pasar a la acción, independientemente de tu estilo o preferencia. También encontrarás secciones recurrentes diseñadas para asegurarte de que pones en práctica todo lo que has aprendido. Las secciones «Prueba esto» te proporcionarán ejercicios prácticos para que lo intentes, mientras que las secciones «Déjalo ir» te inspirarán para liberarte de cualquier cosa que no sirva a tu deseo de productividad feliz, ya sea una expectativa o una tarea no deseada. Por último, las secciones «Hazlo a tu manera» te recordarán que no existe un enfoque único para la productividad y la planificación.

Mi más profundo deseo es que, cuando hayas terminado este libro, seas capaz de deshacerte de la sensación de que te estás quedando atrás o de que luchas por mantener todos los platos girando. Espero que, cuando pases la última página, te sientas más segura de ti misma, más optimista y más decidida a llenar tu vida de alegría. Se acabaron los días de trabajo duro sin fin. Es hora de hacer las cosas de otra manera.

1

CAPÍTULO 1:

EVITA LA TRAMPA DE LA PRODUCTIVIDAD

Hace un par de meses, me encontraba sentada alrededor de una mesa en un bullicioso restaurante comiendo el *brunch* con algunas de mis amigas más antiguas. Hacía tiempo que debíamos ponernos al día: el hecho de estar dispersas por todo el país significa que, aunque siempre estamos en contacto por nuestro grupo de WhatsApp, las reuniones en persona son mucho menos frecuentes de lo que a cualquiera de nosotras nos gustaría. Cuando empecé a degustar mi comida y observé los rostros de las personas que han sido testigos de algunos de los momentos más importantes de mi vida, me di cuenta de algo: en la hora que habíamos pasado juntas, de lo único que habíamos hablado era de lo ocupadas que estábamos todas.

Estas son personas cuyas vidas están íntimamente entretejidas con la mía. Lo que realmente quería saber era cómo se estaba recuperando de una operación el padre de una de ellas o qué tal le iba en el colegio a la hija de otra. Quería conocer todos los detalles de sus viajes más recientes y preguntarles qué opinaban del último drama político. Quería recordar anécdotas divertidas de nuestro pasado, compartir chistes y apretar sus manos. Había esperado meses para volver a reunirme con algunas de mis personas favoritas, para ponerme al día sobre las cosas más importantes para ellas, para escuchar sus sabias e interesantes perspectivas, y sin embargo parecía que todo lo que habíamos conseguido hacer era comparar listas de tareas pendientes y hablar de lo agotadas que estábamos.

No fue a propósito. No creo que ninguna de nosotras fuera a ese *brunch* con la intención de utilizar nuestro precioso tiempo juntas para hablar de ese tema. De repente, nos sentíamos total y completamente consumidas por las presiones —que al parecer son interminables— que conlleva ser mujer en sus treintas, tanto que nos quedaba poca energía para pensar o hablar de otra cosa. Así que, en lugar de eso, hablamos de lo agotador que es seguir siendo ambiciosas en el trabajo y, al mismo tiempo, controlar la vida social de nuestros hijos y llegar a tiempo a la guardería. Nos disculpamos por olvidarnos de los cumpleaños de las demás y nos comprometimos a intentar vernos más en los próximos meses, antes de esforzarnos por fijar una fecha en nuestros calendarios, ya de por sí repletos. Nos comparamos con las compañeras con las que nos habíamos graduado y con las mujeres de nuestra edad a las que seguíamos en las redes sociales y nos preguntábamos en voz alta cómo todas las demás parecían estar haciéndolo todo. Hablamos de lo difícil que era ir al gimnasio últimamente y de lo culpables que nos sentíamos por no cuidarnos como correspondía.

Estábamos todas tan abrumadas intentando gestionar las cargas físicas y mentales que soportábamos, tan desesperadas por ver si nuestras amigas sentían lo mismo y si tenían algún consejo que fuera de ayuda, que era difícil dejar de lado lo ocupadas que estábamos y llegar a las cosas importantes. Y creo que es una buena metáfora de cómo muchas de nosotras nos sentimos día a día, como si hubiera tanto que organizar y conseguir y hacer que simplemente no queda espacio para las cosas que realmente importan: las cosas que nos aportan alegría.

Descubrir qué nos aporta alegría y plantearnos por qué a menudo nos falta son dos de los temas más comunes que exploro con mis clientes en mi trabajo como «La *coach* de la alegría». Durante nuestra primera sesión juntos, los clientes suelen expresar su anhelo de tener más felicidad en sus vidas y su deseo de un cambio positivo, pero se sienten abrumados e incapaces de encontrar espacio para ello en medio de sus innumerables obligaciones. Han probado varias estrategias como bloquear el tiempo, cambiar los horarios, despertarse más temprano y han seguido todos los consejos populares, pero el difícil equilibrio entre gestionar sus responsabilidades y tener tiempo suficiente para la alegría sigue pareciendo una ecuación imposible. Empatizo profundamente con su lucha porque yo también he pasado por eso. Me he visto demasiadas veces sobrecargada de compromisos, con una agenda repleta que deja poco espacio para las cosas que de verdad importan.

Este último año he sentido esa presión con más intensidad que nunca. Desde que soy madre nunca he tenido tan poco tiempo. A pesar del inmenso privilegio que tengo en términos de flexibilidad como trabajadora autónoma y del apoyo inquebrantable de mi marido —que asume más de la parte que le corresponde de las responsabilidades domésticas— integrar el cuidado de una nueva persona en una vida ya de por sí plena me ha exigido más de lo que hubiera podido imaginar. A menudo me parece imposible dar lugar a las cosas que más aprecio —el tiempo de calidad con mi hija, crear recuerdos con la familia y los amigos, pasar tiempo en la naturaleza— entre la lista de tareas pendientes que no deja de crecer, los plazos que se avecinan y la carga mental que supone mantener a la pequeña alimentada, vestida y entretenida. Y sé que no soy la única. En el transcurso de una semana, una clienta me dijo que le costaba disfrutar de sus hermosas vacaciones en la playa porque, al tomarse un descanso, le preocupaba retrasarse con un proyecto de trabajo, y otra me confesó que se sentía culpable por no poder estar plenamente presente para sus amigos de la manera que quería porque su mente estaba preocupada por la logística operativa de ocuparse de una casa atareada y mantener un trabajo. Parece que todas nos sentimos más desbordadas que nunca, y eso afecta a nuestra alegría y nuestro disfrute.

Como has elegido este libro, imagino que esto ha resonado en ti. Nos han vendido la idea de que la productividad es la solución a nuestros problemas, que es la clave para gestionar por fin la interminable carga que, como mujeres, solemos llevar. Nos han hecho creer que la alegría nos espera más allá de una nueva rutina o un nuevo enfoque. Pero ¿y si, en realidad, la búsqueda incesante de la productividad nos está alejando cada vez más de nuestras verdaderas prioridades? ¿Y si, al intentar constantemente hacer más y ser más y conseguir más, en realidad estamos sacrificando las cosas que más nos importan, como nuestra felicidad, nuestras conexiones y nuestro bienestar? ¿Y si, al presionarnos a nosotras mismas para cumplir las expectativas de la sociedad y seguir el ritmo de nuestros homólogos masculinos, estamos ignorando las cosas que pueden ayudarnos a rendir al máximo, como nuestros propios ciclos de energía y nuestras fortalezas únicas? ¿Y si, para lograr nuestros objetivos y al mismo tiempo encontrar más alegría en nuestras vidas, tenemos que enfocar las cosas de otra manera?

¿Cómo llegamos hasta aquí?

La idea de que aumentar nuestra productividad nos dejará más tiempo para las cosas que importan no es un concepto nuevo. En 1930, el economista John Maynard Keynes propuso que el aburrimiento sería el mayor desafío al que se enfrentarían sus nietos y bisnietos. Predijo que para 2030, nuestra típica semana laboral se reduciría a solo quince horas, al suponer que a medida que mejorara el nivel de vida y la tecnología avanzara en formas que ahorraran el trabajo, las personas optarían por trabajar menos y disfrutar de más tiempo libre. En resumen, preveía una semana laboral de dos días y un fin de semana de cinco, al revés de lo que estamos acostumbradas. En pocas palabras, era optimista: al aumentar nuestra productividad, tendríamos más tiempo para dedicar a las actividades que disfrutamos (1963).

Todas las condiciones que Keynes predijo que serían necesarias para este cambio —crecimiento económico, rápidos avances tecnológicos, aumento de la productividad mundial— se han cumplido o superado. Sin embargo, nos sentimos más abrumadas que nunca. En lugar de reducir nuestras horas de trabajo o reservar más tiempo para el descanso, nuestra sociedad cada vez más capitalista ha exigido que utilicemos los avances del siglo pasado para atiborrar aún más nuestras agendas. Parece que a medida que han aumentado nuestras oportunidades de productividad, simplemente nos hemos exigido más a nosotras mismas.

La tecnología, por ejemplo, puede agilizar ciertas tareas laborales y ahorrarnos tiempo en otros aspectos de nuestra vida, pero también ha introducido una presión adicional para ser aún más productivas. Las redes sociales son un buen ejemplo de esto. ¿Cuántas veces has abierto Instagram y te has visto inundada de publicaciones de las personas a las que sigues compartiendo sus últimos logros y te quedas con la sensación de que te estás quedando atrás en algún aspecto? A mí me pasa a menudo: estoy feliz con mi día y, de repente, empiezo a preocuparme porque no me estoy marcando objetivos lo suficientemente ambiciosos para mi negocio, porque mi casa no es lo suficientemente grande o porque mi rutina de ejercicio no es tan exigente como debería. Como mujer *millennial*, me resulta imposible abrir Instagram y no encontrarme con un anuncio, ya sea relacionado con un embarazo, un ascenso o cualquier otro ítem en la lista de todo lo que hay que tener. Este sentimiento ha sido captado por un nuevo término, «la cultura del anuncio», acuñado por la empresaria e *influencer* británica Grace Beverley. En su libro publicado en 2021, *Working Hard, Hardly Working*, define la cultura del anuncio como «nuestra creciente necesidad de anunciar todo lo que hacemos, perpetuando así nuestra ansiedad por tener "cosas" que anunciar en primer lugar. Juzgamos nuestro éxito y el de los demás por la cantidad (más que por la calidad) de los anuncios que hacemos». Y aunque la tecnología ha creado sin dudas un terreno fértil para compartir anuncios, noto que la presión por tener algo que anunciar se filtra también en mis conversaciones con amigas, sobre todo con las que no veo muy a menudo. Cuando por fin nos reunimos, es tentador contarnos nuestros mejores momentos y centrarnos solo en los logros y los elogios que nos hacen sentir productivas y valiosas, en lugar de permitirnos ser vulnerables unas con otras.

El concepto de la cultura del anuncio parece estar respaldado por la investigación académica. Un artículo de 2017 de *Bellezza*, Paharia y Keinan reveló que un estilo de vida ocupado y con exceso de trabajo se ha convertido en un símbolo de estatus que se utiliza para transmitir importancia, del mismo modo que lo hacen los automóviles caros o los artículos de diseño llamativos. Las autoras concluyeron que estar ocupada crea la percepción de que una persona posee características de capital humano, como la competencia y la ambición, y que estas cualidades son escasas y están en demanda. Cuando alguien nos pregunta cómo estamos y enumeramos rápidamente nuestros logros recientes o las actividades que llenan nuestras agendas (como hicimos mis amigas y yo en aquel *brunch*), lo que intentamos transmitir es que somos importantes, que tenemos éxito y que los demás nos valoran. Si lo vemos así, no es de extrañar que todas nos esforcemos por ser más productivas y conseguir aún más cosas.

Pero creo que hay algo más en nuestra búsqueda de productividad que un deseo de estatus. Es innegable que las presiones y las exigencias reales a las que las mujeres se ven sometidas se han disparado en las últimas décadas. Lo noto mucho cuando hablo con mi propia madre sobre la crianza de los hijos. Mientras yo me preocupo por los estilos de apego y me aseguro de que mi hija alcance todos sus hitos a tiempo, mi madre me recuerda a menudo que cuando ella me criaba, la crianza no tenía el mismo peso ni las mismas expectativas. No había libros que ensalzaran las virtudes de los distintos estilos de crianza, ni aplicaciones que te informaran de las distintas fases de desarrollo que debería experimentar tu hijo o hija, ni redes sociales que crearan un *crescendo* de comparaciones.

Las mujeres también tienden a soportar la carga cuando se trata de asumir otras presiones familiares, en particular el cuidado de los padres o los parientes mayores, algo que es cada vez más común dado el envejecimiento de nuestra población, y a menudo viene acompañado de toda una serie de desafíos emocionales y logísticos. Tal vez te toque formar parte de la generación sándwich antes de lo esperado, y tienes que hacer malabares para atender a tus niños pequeños y a tus padres ancianos a la vez. Incluso si tienes hermanos, puede que descubras que la responsabilidad recae de manera desproporcionada sobre ti por ser la hija mayor o simplemente por ser hija. O tal vez cargues con más responsabilidades a la hora de mantener los lazos familiares, ya sea comprando los regalos de Navidad u organizando viajes para visitar a tus suegros.

Además, aunque siempre ha existido la presión de que las mujeres tengan un aspecto determinado, a medida que se dispara el número de tratamientos y procedimientos estéticos disponibles, también lo hace la presión de mantener un aspecto joven e impecable. Si eliges mantenerte al día con los estándares de belleza en constante evolución (que parecen cambiar más rápido que nunca gracias a las redes sociales), puedes encontrarte dedicando horas de esfuerzo y gastando mucho dinero en tu régimen de belleza semanal. Y aunque adherirse a los cánones de belleza pueda parecer un empeño motivado por la vanidad, la investigación demuestra que nuestro aspecto puede influir en nuestra empleabilidad. Un estudio, por ejemplo, demostró que era más probable que los jefes de contratación consideraran adecuados para un puesto a los candidatos que encontraban atractivos (Tews, Stafford y Zhu 2009), y otro estudio reveló que el peso de una mujer podía influir en su salario hasta en un 9% (Cawley 2004). La presión por tener un aspecto determinado no es un indicio de que todas estemos ensimismadas, sino una consecuencia más de nuestra sociedad altamente capitalista.

Y aunque estoy agradecida de pertenecer a una de las primeras generaciones de mujeres que tienen total autonomía profesional, no se puede negar que intentar seguir siendo ambiciosa mientras se asumen todas estas otras responsabilidades puede resultar abrumador. Al crecer, me han repetido que puedo ser lo que quiero ser y, aunque la intención era empoderarme, lo interioricé como una presión por conseguir cosas impresionantes y no conformarme nunca. Alcanzar nuestras ambiciones profesionales puede parecer un desafío aún mayor si decidimos tener hijos y debemos tener en cuenta las responsabilidades del cuidado de los niños y el costo de la guardería en la planificación de nuestra carrera. Una encuesta realizada por las Cámaras de Comercio Británicas en 2023 reveló que dos tercios de las mujeres sienten que han perdido la oportunidad de progresar en lo profesional por tener que asumir más responsabilidades en el cuidado de los hijos, lo que aumenta la sensación de frustración y confusión

Si añades las fluctuaciones hormonales que afectan nuestro estado de ánimo y nuestros niveles de energía, y la presión constante de mostrarnos perfectas, amables y compasivas pase lo que pase, te darás cuenta de repente de que nos enfrentamos a una tarea imposible. La sociedad a menudo nos enseña a avergonzarnos o incluso a sentir culpa del impacto real de nuestras hormonas, lo que hace aún más difícil enfrentar esta realidad. Se espera de las mujeres una entrega constante hacia los demás, incluso cuando luchan contra el estrés, la ansiedad social o la depresión, lo que les deja poco tiempo y espacio para explorar sus emociones, sus necesidades y sus deseos. Como resultado, a menudo acabamos ignorando nuestro propio bienestar o enfrentándonos al agotamiento u otros desafíos similares.

Hemos crecido escuchando que las mujeres podemos tenerlo todo, y también nos han vendido la creencia de que solo tenemos que ser un poco más productivas para conseguirlo. Pero eso es un mito. A medida que los objetivos se alejan cada vez más, las expectativas de lo que significa estar a gusto y tener éxito como mujer siguen cambiando, y nuestra confianza y autoestima se debilitan en el proceso.

Ocupada no es lo mismo que feliz

El verdadero *quid* de la cuestión, la creencia que sustenta el afán de productividad de muchas de nosotras, es la idea de que hacer, ser y conseguir más nos hará más felices. ¿Cuántas veces has oído a alguien decir «Seré feliz cuando...»? ¿Cuántas veces lo has dicho tú misma? Sé que he pronunciado esa frase innumerables veces en mi propia vida. Seré feliz cuando consiga un nuevo trabajo. Seré feliz cuando termine este proyecto. Seré feliz cuando gane un poco más de dinero. Seré feliz cuando me sienta más en forma. Seré feliz cuando mi bebé duerma toda la noche. Seré feliz cuando hagamos el viaje de nuestros sueños, compremos una casa nueva, o cuando consiga un nuevo y emocionante cliente.

Sin embargo, incluso cuando logramos aquello por lo que nos esforzamos, puede parecer que la felicidad que esperábamos no llega. Yo misma he tenido muchas experiencias de este tipo. Los nuevos trabajos o los ascensos fueron importantes para mí cuando ascendía en la escala empresarial. Hubo un trabajo en particular para el que trabajé muy duro, y al que dediqué mucho tiempo en solicitudes, tareas y entrevistas, mientras me perdía los cumpleaños de mis amigas y una reunión familiar en el proceso. Todavía recuerdo perfectamente la sensación de hundimiento que tuve a las pocas semanas, cuando me di cuenta de que seguía sintiéndome igual de infeliz, incluso con un reluciente nuevo puesto de trabajo. Tuve una experiencia similar con la pérdida de peso. Durante mucho tiempo creí que adelgazar me haría más feliz, y me pasé meses corriendo durante las noches frías y oscuras y evitando las comidas que me gustan en busca de esa felicidad. Fue devastador darme cuenta de que llevar unos vaqueros más pequeños no era la llave mágica para la felicidad que yo esperaba.

No soy la única que experimenta esto: me había encontrado con lo que se llama la falacia de la llegada. El término, acuñado por el psicólogo de Harvard Dr. Tal Ben-Shahar (2019), se refiere a la falsa creencia de que una vez que alcanzamos una meta o llegamos a un determinado destino, lograremos la felicidad eterna. La falacia de la llegada derriba el mito de que «seremos felices cuando...».

Ben-Shahar sostiene que somos más propensas a experimentar la falacia de la llegada si empezamos siendo infelices y creemos que lograr un gran objetivo o hito curará nuestra tristeza. Cuando el éxito no nos hace sentir más felices, podemos llegar a estar desilusionadas, incluso desesperanzadas y deprimidas. Entonces canalizamos toda nuestra energía en alcanzar un objetivo diferente, y creemos que el siguiente logro aplacará nuestra tristeza y el ciclo se repite. Podemos encontrarnos encerradas en una espiral negativa y, lo que es peor, mientras volcamos toda nuestra energía en lo siguiente que creemos que nos hará felices, a menudo nos perdemos la alegría que tenemos disponible aquí y ahora.

En pocas palabras, es muy poco probable que un único objetivo o logro sea suficiente para hacernos sentir satisfechas y realizadas. La idea de que habrá algún momento en el futuro en el que lo tendremos todo y habremos alcanzado el ansiado «felices para siempre» es falsa, y también perjudica nuestra felicidad en el presente. Porque cuando estamos ocupadas persiguiendo lo que sigue en la lista de logros, nos distraemos y perdemos oportunidades de alegría que nunca recuperaremos. Puede parecer exagerado, pero si alguna vez has cancelado una cena con amigas para quedarte hasta tarde en el trabajo o has mirado a escondidas el correo electrónico mientras estabas con tus hijos, es probable que ya hayas sacrificado parte de la alegría de la que disponías en busca de una felicidad futura que nunca llegó. Si nuestro objetivo es ser felices, tenemos que priorizar la felicidad en el momento presente en lugar de sacrificarla en la búsqueda de más logros.

La productividad tóxica y el aumento del agotamiento

La falacia de la llegada nos muestra que perseguir más con la esperanza de que nos hará más felices es una economía falsa, pero no es la única razón por la que necesitamos reevaluar nuestras nociones sobre la productividad. Presionarnos sin descanso para conseguir más puede llevarnos por el camino de la productividad tóxica, que se produce cuando estamos tan centradas en producir que descuidamos otros aspectos importantes de nuestra vida. Si priorizamos la productividad por encima de nuestras necesidades básicas, como el descanso o el tiempo de calidad con nuestros seres queridos, nos ponemos en la vía rápida hacia el agotamiento.

Muchas de nosotras ya estamos en esa situación. La investigación muestra que los niveles de agotamiento están en un máximo histórico, con un estudio del año 2023 del *Future Forum* que reveló que el 42 % (en aumento) de la fuerza de trabajo informó haberlo experimentado. La misma investigación también reveló que las mujeres corren un mayor riesgo de agotamiento que los hombres (la brecha de género en el agotamiento se ha duplicado desde 2019, potencialmente exacerbada por el hecho de que las mujeres asumen una mayor carga mental y doméstica desde la pandemia), y los jóvenes (los que tienen treinta años o menos) también parecen estar sufriendo más, con la ansiedad por ser despedidos y la falta de capacitación que les causan una mayor presión para rendir en el trabajo.

Lo que me preocupa de estas cifras es que es fácil olvidar que el hecho de que el agotamiento sea frecuente no significa que no sea grave. Si nunca has experimentado el agotamiento, se te podría perdonar por pensar que se puede remediar con unos cuantos baños de burbujas y acostarte temprano, pero la realidad es que puede ser debilitante. Sé que cuando lo sufrí en 2017, tardé meses en recuperarme por completo y me dejó con tan poca energía que apenas podía gestionar lo esencial para mantener mi vida en funcionamiento. He apoyado a clientes que han experimentado desafíos similares: a una le costó disfrutar el día de su boda porque estaba en las profundidades del agotamiento por estrés. Otra hablaba con tristeza de cómo apenas recordaba los días de recién nacido de su hijo: se había llevado tan al límite con las prisas por tenerlo todo listo antes de su baja por maternidad que se pasó los primeros meses de maternidad sumida en una agotadora niebla de adrenalina.

No hablamos lo suficiente del impacto que el agotamiento puede tener en nuestra confianza. Experimentarlo me dejó con una duda paralizante sobre mí misma, algo que tuve que trabajar durante años para sentirme lo suficientemente segura como para perseguir mis sueños y ambiciones. Sé que no soy la única a la que le pasa. He trabajado con cientos de personas brillantes, talentosas, creativas y motivadas, pero que luchan contra la ansiedad o la baja autoestima que les provoca el agotamiento. También está la vergüenza que conlleva tener que bajar el ritmo o parar, cosas que en nuestra sociedad se consideran debilidades. Es mucho más fácil centrarse en lo que no hemos sido capaces de hacer que en lo que sí hemos hecho, y el miedo a quedarnos atrás o a defraudar a los demás puede llevarnos a acortar el periodo de recuperación que necesitamos. Existe un riesgo real de que se desencadene un ciclo negativo que se autoperpetúa: sentimos que perdemos el control o que no conseguimos ser productivas, lo que agota aún más nuestra energía y nuestro optimismo, y nos atrapa en una rutina de la que puede parecer imposible salir. Qué ironía que, al intentar hacer más, muchas de nosotras nos encontremos en una posición en la que no podemos hacer mucho.

HAZLO A TU MANERA

La vida es mucho más que ser productiva. Utiliza este diario para reflexionar sobre el papel que ha desempeñado el trabajo duro en tu vida y sobre quién eres más allá de tus logros:

- ¿Qué papel ha desempeñado el trabajo duro en tu vida hasta ahora?
- ¿Cómo te hace sentir estar más ocupada de lo que eres capaz?
- ¿Has experimentado alguna vez la falacia de la llegada? Escribe qué ha ocurrido y cómo te hizo sentir.

- ¿Cómo ha afectado tu relación con la productividad y la felicidad la expectativa de la sociedad de que las mujeres deben tenerlo todo?
- ¿De qué maneras te has sentido presionada para ser la «perfecta» mujer, madre, esposa, empleada, amiga, hija o cualquier otro papel? ¿Cómo ha afectado esto a tu salud mental, tu identidad o tu bienestar?
- ¿Alguna vez te has sentido culpable por dedicarte tiempo a ti misma o dar prioridad al autocuidado? ¿A qué crees que se debe?
- ¿Te has comparado alguna vez con otras mujeres que parecen estar haciéndolo todo? ¿Cómo te hizo sentir eso y cuál crees que puede ser la realidad detrás de esas vidas que parecen perfectas?
- ¿Qué es importante para ti más allá de los logros? ¿Qué te hace ser quien eres que no tenga nada que ver con lo que haces?
- Cuando eras una niña, ¿qué te hacía sentir feliz? ¿Mirar atrás te inspira alguna idea sobre cómo puedes encontrar más alegría de adulta?
- ¿Qué mejorarías en tu vida si tuvieras más tiempo para las cosas que te hacen feliz?

Un nuevo enfoque sobre la productividad que honra tu necesidad de alegría

No podemos seguir así, esperando que la próxima rutina o el próximo truco de gestión del tiempo que probemos sea la solución mágica a nuestros problemas de productividad mientras sacrificamos nuestra alegría o, peor aún, nos enfermamos. No podemos seguir esperando que alguien que no conocemos tenga las respuestas, mientras desestimamos nuestras necesidades, nuestros recursos y nuestras experiencias únicas. Hemos intentado hacerlo de esa manera, y solo hemos conseguido estar más ocupadas y agotadas que nunca.

Es hora de hacer las cosas de otra manera. Es hora de empezar a confiar en que te conoces a ti misma mejor que nadie y empezar a usar ese conocimiento para ayudarte no solo a domar tu lista de cosas por hacer, sino a enamorarte más de tu vida en el proceso. No estoy hablando de renunciar a la ambición. Te estoy pidiendo que redefinas tu relación con ella de una forma más alegre e intencionada. Todos hemos oído la frase «nada que merezca la pena se consigue con facilidad», pero ¿y si eso fuera un error? ¿Y si encontrar la alegría en el camino y abrazar tus propios superpoderes es la clave del éxito? Como compartiré más adelante en el libro, las investigaciones del campo de la psicología positiva sugieren que todos deberíamos hacer precisamente eso.

Durante mucho tiempo hemos creído que la clave de la productividad reside en la fuerza de voluntad, los sistemas, o los hábitos inquebrantables. Yo creo, en cambio, que la clave para ser productiva y a la vez sentirse equilibrada reside en utilizar tus fortalezas, respetar tus ciclos de energía y aprovechar tus motivaciones. A lo largo de este libro, haremos exactamente eso. Adoptaremos un enfoque más compasivo y centrado en lo humano, uno que se basa en tu realidad, y compartiré herramientas e ideas del campo de la psicología positiva que te ayudarán a hacer más cosas de una forma que te haga sentir bien. También te presentaré el Método de la alegría, mi proceso probado y comprobado que te ayudará a liberarte de las normas y las expectativas tradicionales en torno a la productividad y a adoptar un enfoque más alegre y satisfactorio.

Pero antes, quiero invitarte a cuestionar tu definición de productividad. Como tantas otras cosas en la vida, absorbemos nuestras creencias sobre la productividad de la sociedad, la cultura y los entornos en los que crecimos. Si tuviste una madre que nunca se quedaba quieta, es probable que creas que ser productiva significa estar siempre en movimiento. Si creciste en una cultura que valora los logros por encima de todo lo demás, tal vez asocies la productividad con tener un trabajo de alto estatus, sin importar lo insatisfactorio que te resulte. Si alguna vez has trabajado para un jefe que envía correos electrónicos por las tardes o los fines de semana, es posible que creas que para ser productiva tienes que trabajar a todas horas. Si alguna vez has experimentado la escasez o la carencia, es posible que hayas absorbido la creencia de que no es seguro reducir la velocidad y desconectarte de tu lista de tareas pendientes, por lo que no lo has hecho a pesar de que tu vida es muy diferente ahora.

Independientemente de las experiencias que te hayan marcado, te invito a reconsiderar tu método de trabajo. Porque la verdadera productividad no consiste en hacer todo lo que podemos. Se trata de concentrar nuestras energías en lo que realmente nos importa. La verdadera productividad no consiste en lo rápido que podemos conseguir algo. Se trata de encontrar la alegría en el camino y saborear el proceso de trabajar hacia un objetivo o un hito. La verdadera productividad no consiste en tenerlo todo. Se trata de ser intencional en la visión del tipo de vida que quieres tener, y luego usar tus habilidades y recursos únicos para construirlo. Y, como aprenderás en este libro, una de las grandes ventajas de centrarse en la alegría en lugar de en la productividad es que, al hacerlo, serás más productiva que si te limitaras a intentar hacer todo lo que puedas, porque te estarás moviendo en la dirección que quieres que tome tu vida.

Como has elegido este libro, es probable que sepas, en el fondo, que el viejo enfoque ya no funciona. Probemos algo diferente.

Déjalo ir

Todas tenemos experiencias, entornos y comunidades únicos que han moldeado nuestra forma de mostrarnos en el mundo. Si nos tomamos el tiempo para reflexionar sobre nuestras creencias, podemos empezar a identificar de dónde vienen y ser conscientes de si queremos aferrarnos a ellas. Mediante las siguientes preguntas y consignas, tómate un tiempo para reflexionar sobre las creencias que tienes sobre la productividad:

- ¿Qué te mostraron sobre la productividad cuando eras una niña? Por ejemplo, ¿cuánto veías relajarse a tus padres o a tus cuidadores? ¿Te recompensaban por terminar rápido tu trabajo en la escuela y, en caso afirmativo, cuál era la recompensa?
- ¿Qué mensajes recibiste al crecer sobre lo que significa ser una mujer «exitosa»?
- ¿De dónde viene tu afán de ser productiva? Piensa en desencadenantes específicos que puedas tener, por ejemplo, tal vez sientas que el dinero ha escaseado en tu vida y crees que, si bajas el ritmo, arriesgarás tu seguridad económica.
- ¿Has adquirido alguna creencia específica sobre cómo debería ser la productividad para ti como mujer? ¿La presión por tener un aspecto determinado influye en tus creencias, por ejemplo? O quizá sientas la presión de lograr ciertas cosas para mostrar a otras mujeres lo que es posible.
- ¿Cómo han influido en tu percepción de la productividad y el éxito las distintas funciones y responsabilidades que desempeñas como mujer, por ejemplo, cuidadora, ama de casa o sostén de la familia?
- ¿Están entrelazadas de alguna manera tus creencias en torno a la productividad y la alegría? Por ejemplo, ¿crees que solo serás merecedora de alegría cuando hayas alcanzado un determinado objetivo?
- ¿Tienes alguna creencia en torno a la productividad que esté obstaculizando tu alegría y tu felicidad? Por ejemplo, ¿tu afán por ser la mamá perfecta que lo hace todo en realidad te hace estar menos presente con tu hijo?
- ¿Has sentido alguna vez la presión de restar importancia a tus ambiciones o a tus logros para encajar en las expectativas sociales

sobre las mujeres? ¿Cómo ha afectado esto a tu relación con la productividad y el éxito?

- Como mujer, ¿has sentido alguna vez que tenías que trabajar el doble de duro para demostrar tu valía o para que te tomaran en serio? ¿Cómo ha influido esto en tu enfoque de la productividad?

- ¿Has luchado alguna vez con la creencia de que tu valía como mujer está ligada a tu productividad o a tus logros? ¿De dónde crees que proviene esa creencia?

- ¿Cómo ha influido el estereotipo de «supermujer» (la idea de que las mujeres deberían ser capaces de gestionar sin esfuerzo sus carreras, sus familias y sus vidas personales) en tus creencias sobre la productividad y la autoestima?

- Escribe una lista de creencias que quieras dejar atrás. A continuación, piensa en las nuevas creencias con las que las podrías sustituir. Por ejemplo, tal vez quieras sustituir «Seré feliz cuando...» por «La alegría está disponible para mí ahora mismo si reduzco la velocidad lo suficiente para experimentarla».

Además de examinar cómo las normas sociales han moldeado nuestra relación con la productividad y el éxito, es fundamental tener en cuenta los desafíos y las presiones específicos a los que se enfrentan las mujeres cuando se trata de cómo la productividad influye en los sentimientos de autoestima. Esta curiosidad puede ayudarnos a desarrollar una comprensión más profunda de cómo las expectativas sociales y los roles de género han moldeado nuestras creencias y nuestros comportamientos, lo que a su vez puede ayudarnos a practicar más la autocompasión y adoptar un enfoque más alegre y satisfactorio de la productividad.

RECAPITULEMOS

- ✿ A pesar de los avances tecnológicos, nuestras vidas parecen más atareadas que nunca y la presión por conseguir logros es inmensa. Muchas de nosotras nos esforzamos por lidiar con todo y la alegría suele quedar relegada al final de nuestras listas de tareas pendientes.

- En la búsqueda de una mayor productividad, tendemos a buscar la sabiduría en fuentes externas en lugar de abrazar nuestro propio conocimiento interior. Como resultado, nos encontramos agotadas o atrapadas en un ciclo de vergüenza y culpa.
- Nuestras definiciones de productividad no siempre son intencionadas, lo que puede impedirnos dar prioridad a lo que más nos importa.

CAPÍTULO 2:

IDENTIFICA TU ARQUETIPO DE PRODUCTIVIDAD

Creo firmemente que la única forma de ser productivas sin sacrificar nuestra alegría ni correr el riesgo de agotarnos es adoptar un enfoque personalizado. Sin embargo, también reconozco lo intimidante que puede resultar. Nuestra sociedad nos ha condicionado a buscar respuestas en fuentes externas. Desde pequeñas nos enseñan a escuchar a nuestros padres, luego a nuestros profesores y más tarde a nuestros jefes. Rara vez se nos anima a mirar dentro de nosotras mismas para encontrar una guía, así que si te sientes abrumada ante la idea de averiguar qué es lo mejor para ti y tus circunstancias particulares, debes saber que no estás sola. De hecho, la mayoría de mis clientes se encuentran en una situación similar. A lo largo del libro, exploraremos varios ejercicios y herramientas para ayudarte a obtener un conocimiento más profundo de ti misma. Para que te resulte más fácil identificar los cambios que te serán más beneficiosos, quiero presentarte el concepto de los arquetipos de productividad.

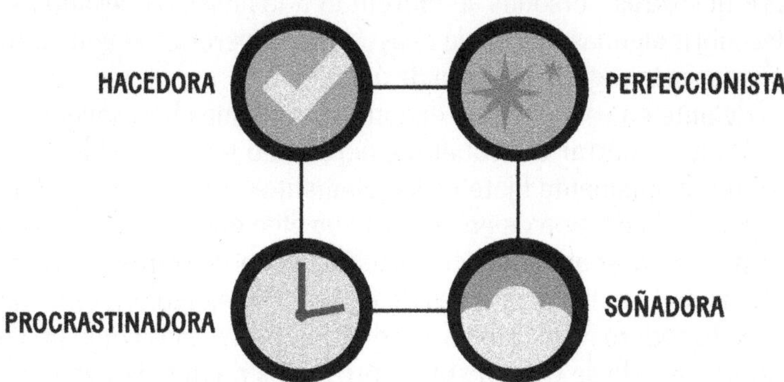

En los últimos cinco años he trabajado con cientos de clientas, a quienes he ayudado a realizar cambios positivos en sus vidas. A pesar de la personalidad y las circunstancias únicas de cada clienta, he observado los recurrentes estilos o arquetipos de productividad. Estos son:

- **LAS HACEDORAS**: Personas que se sienten impulsadas por los logros y siempre parecen estar ocupadas.
- **LAS PERFECCIONISTAS**: Se exigen a sí mismas los más altos estándares y les motiva hacerlo todo bien.
- **LAS SOÑADORAS:** Aquellas que imaginan fácilmente un mundo mejor, pero pueden tener dificultades para convertir sus sueños en realidad.
- **LAS PROCRASTINADORAS**: Personas que quieren hacer un cambio, pero les resulta difícil emprender acciones significativas.

Cada arquetipo tiene sus propias fortalezas y motivaciones inherentes, y también suelen tener algunos puntos de dolor u obstáculos comunes que dificultan su progreso. En este capítulo encontrarás las descripciones detalladas de cada uno de ellos, y en los demás capítulos del libro descubrirás recomendaciones personalizadas para cada arquetipo.

Por supuesto, es imposible captar todos los matices y la complejidad de la humanidad en solo cuatro categorías, y tal vez no te sientas totalmente identificada con ninguno de los arquetipos que he descrito. ¡No pasa nada! Todas funcionamos a nuestra propia y única manera. Tenemos nuestros propios motivadores que han sido moldeados por nuestras experiencias. Yo quería compartir estos arquetipos de productividad no para hacerte sentir que necesitas reducirte a una etiqueta, sino simplemente para ofrecerte una guía que te ayude a navegar por las herramientas que se comparten en el resto del libro.

También espero que, al leer las descripciones de cada arquetipo, puedas darte cuenta de que no estás sola. A menudo pensamos que la razón por la que tenemos dificultades es porque tenemos algún defecto, y eso puede ser una experiencia increíblemente aislante y vergonzosa. Espero que saber que otras personas se enfrentan a los mismos desafíos —así como descubrir algunas ideas que te ayuden a superarlos— contribuya a que te sientas más segura a la hora de actuar.

Más adelante en este capítulo encontrarás algunas herramientas que te ayudarán a encontrar tu arquetipo, pero si no te sientes identificada con ninguno, simplemente fíjate en los elementos con los que te identificas, y no sientas la presión de encasillarte en algo que no te corresponde. También puedes descubrir que te relacionas con diferentes arquetipos de productividad en distintas áreas de tu vida. Por ejemplo, puede que te sientas una hacedora en el trabajo, pero te comportes más como una procrastinadora cuando se trata de otros proyectos de tu vida personal. En resumen, he proporcionado estos arquetipos para ayudarte a navegar por las herramientas y los conceptos del resto del libro. Intenta considerarlos más como agrupaciones sueltas que como preceptos exhaustivos.

LA HACEDORA

En primer lugar, exploremos la hacedora. A las hacedoras les gustan los logros y les encanta estar ocupadas. Siempre están trabajando para alcanzar un objetivo o un hito y son conocidas por su capacidad para lograr grandes cosas. Altamente adaptables, las hacedoras hacen malabares con múltiples responsabilidades con facilidad y a menudo sobresalen en todo lo que se proponen, gracias a su eficiencia y concentración. Sin embargo, mantener un nivel tan alto de producción de energía significa que las hacedoras son más susceptibles al agotamiento en comparación con los otros arquetipos de productividad. Muchas mujeres caen en el arquetipo de la hacedora, quizá porque nos han condicionado a creer que tener y hacerlo todo son los pináculos del éxito como mujer. O tal vez algunas mujeres han tenido que convertirse en hacedoras para poder gestionar la larga lista de presiones y demandas que compiten entre sí y que se les imponen.

Ser una hacedora tiene muchas ventajas, pero también tiene sus desafíos.

Permíteme que los comparta aquí:

¿Cuáles son las fortalezas de una hacedora?

- Las hacedoras son emprendedoras con un alto nivel de motivación. No tienen problemas para pasar a la acción y se puede confiar en ellas para hacer el trabajo, lo que las convierte en un gran activo en un equipo o en una comunidad.
- Las hacedoras pueden desempeñar distintos roles con facilidad y se les da bien maniobrar entre sus diferentes funciones y responsabilidades, por ejemplo, se deslizan directamente a su faceta laboral después de dejar a su hijo en la guardería. Esta fluidez implica que les resulte más fácil gestionar las exigencias del trabajo y de la vida que a otros arquetipos.
- Las hacedoras suelen (aunque no siempre) ser extrovertidas, lo que significa que obtienen su energía al estar rodeadas de otras personas. Esto les da una ventaja en los roles o las situaciones que

requieran generar contactos o fuertes habilidades de comunicación para conseguir avanzar y tener éxito.
- Las hacedoras son fiables y están dispuestas a ayudar. Son la amiga que organiza la reunión anual (con el itinerario detallado), la madre que siempre está dispuesta a ayudar en la venta de pasteles del colegio y la colega con la que se puede contar para que entregue sus tareas a tiempo.
- Las hacedoras son grandes triunfadoras: cuando se proponen un objetivo, hacen todo lo necesario para conseguirlo. Son decididas y proactivas, cualidades que pueden haberles ayudado a construir una vida que a los demás les parece muy exitosa.

¿A qué desafíos se enfrenta una hacedora?

- Las hacedoras tienen dificultades para reconocer o acomodar sus ciclos de energía, lo que significa que corren un mayor riesgo de sufrir agotamiento. Agotarse (y tener que bajar el ritmo por ello) puede ser una fuente de vergüenza o culpa, lo que puede perjudicar su autoestima.
- Las hacedoras, aunque responden bien a la retroalimentación positiva, a veces pueden depender demasiado de la aprobación externa para sentirse valiosas. También les cuesta celebrar sus propios logros y se lanzan al siguiente proyecto u objetivo sin tomarse un respiro para reflexionar o interiorizar su éxito.
- Las hacedoras, al estar constantemente ocupadas, se pierden a menudo valiosos estímulos y percepciones de su intuición. Esto a veces puede obstaculizar su toma de decisiones.
- A las hacedoras les cuesta establecer límites cuando otros les piden ayuda, y a menudo dicen que sí aunque sepan que ya están al tope de su capacidad.
- Las hacedoras son menos intencionales y más impulsivas que otros arquetipos. Aunque esto a veces puede ser positivo (sus acciones impulsivas a veces dan resultado), puede significar que perderán el tiempo persiguiendo objetivos u oportunidades que no les aportan más alegría o más éxito del tipo del que desean.
- Las hacedoras también pueden encontrarse con que los objetivos cambian de manera constante, lo que las lleva a reprenderse a sí mismas por no lograr lo suficiente, aunque su producción y sus niveles de logro sigan en aumento. Con el tiempo, esto puede contribuir a la falta de confianza.

¿Cómo es la relación de la hacedora con la productividad?

Las hacedoras son personas muy productivas por naturaleza. Tienen un alto nivel de rendimiento y es probable que acumulen muchos logros impresionantes. Sin embargo, pueden carecer de intención, lo que significa que, aunque pueden hacer muchas cosas, tal vez no sean las que les resultan más placenteras o importantes. Si no se toman el tiempo para hacer una pausa y reflexionar, corren el riesgo de precipitarse por un camino que no es el adecuado para ellas y que tal vez no les resulte tan productivo más adelante.

También es importante que las hacedoras reconozcan de dónde viene su impulso de ser productivas. Como comentamos en el Capítulo 1, vivimos en una sociedad que celebra la actividad y el rendimiento, lo que a veces puede llevarnos a creer que ser productivas nos hará parecer más importantes o valiosas. Además, a medida que aumentan las exigencias impuestas a las mujeres, muchas sentirán que tienen que convertirse en hacedoras para hacer muchas cosas a la vez con éxito. Sin embargo, perseguir la productividad por la mera productividad nunca será alegre ni satisfactorio. Las mayores oportunidades para una hacedora consisten en tener claro lo que quiere de la vida y por qué (más sobre esto en el siguiente capítulo) y utilizar sus fortalezas para conseguirlo, aunque eso signifique ir más despacio.

Sabrás que eres una hacedora si...

- Empiezas cada año nuevo con una lista imposiblemente larga de objetivos que puede parecer desconectada de tu vida real.
- Tratas los grandes acontecimientos de tu vida, como casarte o formar una familia, como proyectos que debes gestionar o logros que debes tachar de una lista en una búsqueda por tenerlo todo.
- Tu agenda está tan llena que cuando un amigo intenta ponerse al día, sugieres una fecha para dentro de tres meses.
- Te cuesta relajarte incluso en vacaciones, y creas elaborados itinerarios y programas cada momento del viaje.
- Tu mecanismo de afrontamiento por defecto cuando experimentas períodos de baja confianza o autoestima es distraerte haciendo algo.
- Te sientes mal cada vez que bajas el ritmo (durante las vacaciones, por ejemplo).
- Puede resultarte difícil o antinatural adoptar funciones de crianza o cuidado en las que la carga de trabajo es repetitiva y de naturaleza menos tangible.

LA PERFECCIONISTA

A continuación, presentamos a la perfeccionista. Las perfeccionistas son conocidas por sus altos estándares, su disciplina y su meticulosa atención a los detalles. Las perfeccionistas están muy atentas a las necesidades de los demás y pueden ser propensos a dar prioridad a ser la hija «perfecta» o la empleada «perfecta» por encima de su propia alegría y realización. Las perfeccionistas pueden tener dificultades para celebrar sus triunfos, lo que puede afectar su confianza y autoestima. También son muy sensibles a las críticas o a los comentarios de los demás, y cualquier sugerencia de que no están alcanzando la perfección les resulta increíblemente estresante. Es fácil ver cómo muchas mujeres acaban cayendo en este arquetipo, dado el altísimo nivel de exigencia que se les impone. Esto es especialmente cierto en la era de las redes sociales y las páginas web de cotilleos. El perfeccionismo puede parecer a menudo la única estrategia segura en un mundo en el que se suele criticar a las mujeres por no ser perfectas. Al igual que las hacedoras, las perfeccionistas tienen sus propios puntos fuertes y desafíos. Exploremos algunos de ellos.

¿Cuáles son las fortalezas de un perfeccionista?

- Las perfeccionistas suelen ser las más disciplinadas de los arquetipos. Ellas prosperan cuando hay reglas claras que seguir y expectativas que cumplir y les resulta más fácil mantener una rutina que a otros.
- Las perfeccionistas tienen un ojo agudo para los detalles y la paciencia necesaria para conseguir que las cosas salgan «a la perfección», habilidades que pueden ser muy útiles en una amplia gama de entornos, desde detectar errores en importantes documentos de trabajo hasta conservar un hogar cálido y acogedor.
- Las perfeccionistas son increíblemente atentas y les motiva hacer las cosas bien para los demás, ya sea su jefe o sus hijos. Ponen mucho empeño y esfuerzo en todo lo que hacen, desde elegir un regalo hasta hacer una presentación en el trabajo.
- Las perfeccionistas son concienzudas y responsables. Son organizadas y ordenadas y se puede confiar en que cumplirán lo que dicen que van a hacer.

¿A qué desafíos se enfrenta una perfeccionista?

- A veces, las perfeccionistas se preocupan más por cómo es su vida ante los ojos de los demás que por cómo la sienten ellas. En un afán por parecer exitosas o perfectas ante sus pares, las perfeccionistas pueden terminar perdiéndose la alegría y pueden sentir que a sus vidas siempre les falta un propósito mayor. Esta tendencia también puede hacerlas vulnerables a compararse con los demás.
- Las perfeccionistas pueden creer que hay una forma «correcta» de hacer algo y pasarán mucho tiempo investigando y explorarán y analizarán todas las opciones. Esto a veces puede impedirles ver que hay muchas definiciones para el éxito y muchos caminos para alcanzarlo.
- Su compromiso con un plan perfecto puede impedirles a veces pasar a la acción. Las perfeccionistas pueden tener dificultades para completar objetivos y avanzar a lo que sigue en su lista de tareas pendientes porque se esfuerzan por conseguir un resultado ideal.
- Las perfeccionistas pueden querer rendir al mismo nivel todos los días, lo que significa que les cuesta escuchar sus propios ciclos de energía u honrar su necesidad de descanso. Esto las pone en riesgo de agotamiento, pero también puede significar que no siempre están trabajando de la manera más eficiente.

¿Cómo es la relación de la perfeccionista con la productividad?

Las perfeccionistas tienen muchos rasgos que las ayudan a ser productivas, desde su disciplina y sus altos niveles de motivación hasta su constancia con las rutinas. Sin embargo, su deseo de hacer las cosas «a la perfección» puede obstaculizar su productividad y les hace perder mucho tiempo en tareas que no aportan un valor proporcional. Además, las perfeccionistas suelen guiarse por las opiniones de los demás más que por su propia definición del éxito, lo que puede significar que, aunque consigan sus objetivos, no se sientan tan exitosas y satisfechas como podrían haber esperado.

Al igual que en el caso de las hacedoras, es importante que las perfeccionistas reconozcan de dónde procede su deseo de ser productivas. Desde pequeñas, se anima a las niñas a ser «buenas», es decir, seguir las normas, estar presentables y, a menudo, anteponer las necesidades de los demás a las propias. Esto puede incrustar una tendencia perfeccionista desde una edad temprana. Además, el perfeccionismo puede actuar como una coraza, que parece protegernos del juicio y la vergüenza. Sin embargo, si priorizamos la perfección sobre la autenticidad, nunca nos sentiremos alegres ni contentas. La mayor oportunidad para una perfeccionista es aceptar la flexibilidad. Hacerlo ayudará a las perfeccionistas a aprovechar mejor sus ciclos de energía (más información sobre esto en el Capítulo 5) y a encontrar más alegría en el proceso de alcanzar sus objetivos.

Sabrás que eres una perfeccionista si...

- Tardas meses en reservar unas vacaciones porque te pasas mucho tiempo buscando el hotel perfecto.
- Te cuesta tomar una decisión sin antes preguntar a los demás su opinión.
- Tienes una imagen clara de lo que es una mujer «perfecta» y gastas mucha energía esforzándote por ser ella.
- Rara vez sientes que una tarea o proyecto esté terminado y siempre puedes encontrar retoques o añadidos que lo mejorarían.
- Comparas tus elecciones con las de los demás, y te preocupa no haber tomado las decisiones «correctas» sobre cómo criar a los hijos, dónde vivir o qué carrera seguir. La presión por tenerlo todo es real.
- Te molesta cuando tus esfuerzos por ser una hija, hermana o empleada «perfecta» no son reconocidos ni correspondidos.
- Tienes un cajón lleno de diarios que has abandonado porque no los rellenaste a la perfección.

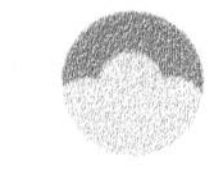

LA SOÑADORA

Nuestro siguiente arquetipo de productividad es la soñadora. Las soñadoras son creativas e innovadoras, y destacan a la hora de imaginar y crear una visión para sus vidas. Las nuevas ideas fluyen hacia ellas sin ningún esfuerzo, y son expertas en ver y articular la situación en su conjunto. Sin embargo, las soñadoras pueden tener dificultades para convertir su visión en pasos y objetivos factibles. En mi trabajo como *coach*, me he dado cuenta de que a veces da un poco de vergüenza ser una soñadora, sobre todo en el caso de las mujeres, quizá porque, a diferencia de lo que ocurre con las hacedoras y las perfeccionistas, sus fortalezas y habilidades se celebran menos en nuestro mundo hipermasculino y centrado en el rendimiento.

Sin embargo, tienen mucho que ofrecer. Exploremos sus fortalezas y sus desafíos, así como su relación con la productividad.

¿Cuáles son las fortalezas de una soñadora?

- Las soñadoras son buenas para ver la situación en su conjunto. No se atascan en los pequeños detalles y, en cambio, son capaces de centrarse en la tarea más importante que tienen entre manos. Por esta razón, son menos irritables que los otros arquetipos y pueden mantener la calma ante el estrés.
- Las soñadoras son personas divertidas, que aprovechan de forma natural las oportunidades que se les brinda para jugar y expresarse. No se toman a sí mismas demasiado en serio, y su forma de ver la vida puede resultar inspiradora para los demás.
- Las soñadoras son creativas e innovadoras y se les da bien contemplar los desafíos desde diferentes perspectivas. Son hábiles para resolver problemas y generar nuevas ideas y les resulta fácil recurrir a su intuición.
- Las soñadoras son optimistas por naturaleza, siempre sueñan con mejores formas de hacer las cosas y esperan un futuro mejor.

¿A qué desafíos se enfrenta una soñadora?

- Las soñadoras pueden ser especialmente susceptibles a la falacia de la llegada, y creen en la idea de que solo encontrarán la felicidad una vez que su visión se haya hecho realidad y, por lo tanto, se pierden la alegría de la que pueden disponer en su vida cotidiana.
- Las soñadoras, a pesar de ser muy buenas a la hora de establecer una visión, pueden carecer de la disciplina y la coherencia que se necesitan para progresar de forma constante. Como resultado, pueden desanimarse con el tiempo si no ven que sus sueños se hacen realidad.
- Las soñadoras suelen tener poca confianza en sí mismas o les cuesta ver el valor de sus fortalezas, sobre todo si se han criado en entornos o culturas que valoran más habilidades como el liderazgo y la asertividad que la creatividad y la innovación.
- Las soñadoras pueden tener dificultades con las tareas monótonas, por lo que les cuesta desempeñar tareas de cuidado o controlar las tareas administrativas de la vida.

¿Cómo es la relación de la soñadora con la productividad?

A diferencia de las hacedoras y las perfeccionistas, a las soñadoras les suele resultar fácil establecer su propia definición auténtica del éxito. Tener claro lo que quieren conseguir en su vida significa que pierden menos tiempo persiguiendo objetivos que no son pertinentes para ellas y para su visión. Sin embargo, les suele costar mantener la constancia de acción que se necesita para convertir sus sueños en realidad, lo que puede obstaculizar su productividad. Además, pueden sufrir lo que a mí me gusta llamar el «síndrome de la urraca brillante», y se distraen con nuevas ideas y objetivos antes de tener la oportunidad de terminar otros proyectos.

Una cosa que impide a las soñadores alcanzar todo su potencial es que se desestiman sus fortalezas naturales. A muchas soñadoras que he apoyado les dijeron de niñas que tenían la mente en las nubes o que debían concentrarse más, lo que significa que ahora restan importancia a las habilidades que las distinguen, habilidades que podrían ayudarlas a construir una vida increíblemente feliz y plena. Si las soñadoras abrazan sus fortalezas y encuentran estrategias para comprometerse con sus objetivos (que compartiré más adelante en el libro), ¡pueden hacer realidad la magia!

Sabrás que eres una soñadora si...

- Tienes tableros de Pinterest llenos de nuevas ideas que quieres explorar o experiencias que quieres vivir.
- Se te dan genial los niños y puede que te vean como la madre o la tía «divertida», ya que te resulta fácil compaginar con su energía e imaginación.
- Te encanta el proceso de soñar con nuevos objetivos y ambiciones al comienzo de un nuevo año (pero no disfrutas el periodo de reflexión de final de año).
- A veces te sientes culpable por querer dedicarte a otras pasiones e intereses fuera de tus obligaciones familiares o laborales actuales.
- Eres a quien recurren primero tus amigos y seres queridos cuando necesitan una idea para un regalo o alguien con quien intercambiar ideas.
- Siempre sales de un viaje en tren o en avión con un cuaderno repleto de nuevas ideas, pero te cuesta concentrarte en el proyecto que tienes entre manos.
- Sufres el síndrome de la impostora, sobre todo cuando trabajas en espacios o campos dominados por hombres.

L

LA PROCRASTINADORA

Por último, la procrastinadora. Las procrastinadoras tienden a ser más rebeldes y creativas que los otros arquetipos, pueden ser eficientes cuando la situación lo requiere y a menudo trabajan mejor cuando se enfrentan a un plazo inminente. Sin embargo, es posible que se sientan perdidas y les cueste fijarse objetivos o labrarse un camino claro. Esto puede deberse a la falta de fe en que las cosas pueden cambiar o a la falta de confianza para perseguir sus sueños. Según mi experiencia, las mujeres tienden a caer en este arquetipo si las exigencias que se les imponen les resultan completamente abrumadoras y las empujan a luchar, huir o bloquearse si sufren de baja autoestima.

¿Cuáles son las fortalezas de una procrastinadora?

- Las procrastinadoras suelen ser bastante reacias al riesgo y pueden ser hábiles para detectar obstáculos y barreras potenciales para el éxito, lo que significa que conservan su energía para las tareas más productivas.
- Las procrastinadoras trabajan muy bien bajo presión: pueden hacer más cosas el día antes de una fecha límite que la mayoría de la gente puede hacer en una semana.
- Las procrastinadoras, como ha demostrado la investigación, son más creativas que las que no procrastinan. Se cree que esto se debe a que tienen más tiempo para pensar sobre los problemas y se les ocurren diferentes ideas y soluciones.
- Las procrastinadoras son mejores que todos los demás arquetipos a la hora de reconocer y aceptar sus ciclos de energía únicos, lo que significa que utilizan con más eficacia sus flujos y reflujos energéticos.

¿A qué desafíos se enfrenta un procrastinador?

- Las procrastinadoras a menudo descubren que su mayor desafío es caer en la trampa de la negatividad, es decir, les cuesta pasar a la acción y luego se culpan por no hacerlo, lo que a su vez hace que sea más difícil pasar a la acción y se crea un círculo vicioso.

- Las procrastinadoras, en el fondo, a veces pueden sentir que no es seguro para ellas querer lo que quieren, y buscarán pruebas que respalden esta creencia.
- Las procrastinadoras pueden enfrentarse a períodos de intenso estrés o agobio si permiten que se acumulen los plazos o las prioridades. Esto puede suponer un desafío para su salud mental y su bienestar general.
- Las procrastinadoras pueden tener un sentimiento de vergüenza o culpa si no pueden trabajar de la misma manera que sus compañeros, lo que puede dañar aún más su confianza y autoestima.

¿Cómo es la relación de la procrastinadora con la productividad?

Al contrario de lo que se cree, ser una procrastinadora no significa que no puedas ser productiva, simplemente es probable que tomes un camino diferente al de los demás arquetipos para alcanzar tus metas. Si las procrastinadoras aprenden a aprovechar sus fortalezas (que trataremos con más detalle más adelante en el libro), pueden lograr mucho y aumentar su confianza en el proceso.

La mayor oportunidad para las procrastinadoras está en darse cuenta de que tienen lo que se necesita para construir una vida que las haga sentir felices y exitosas. A menudo, las procrastinadoras pueden hallarse encerradas en una espiral de negatividad, y creen que no tienen lo que hay que tener y encuentran pruebas que lo confirman. Puede que miren a otras mujeres en su lugar de trabajo o en su comunidad y se avergüencen de no poder concentrarse de la misma manera, pero las procrastinadoras tienen sus propios superpoderes, y cuando los abrazan y se comprometen con ellos, pueden conseguir un cambio positivo real. El primer paso es creerlo.

Sabrás que eres una procrastinadora si...

- Siempre te sientes apurada por terminar un proyecto en el último minuto, sin importar cuánto tiempo tengas para trabajar en él.
- Tienes un armario lleno de materiales para nuevos *hobbies* o proyectos de manualidades que nunca has empezado.
- Te sientes abrumada por las presiones que se ejercen sobre ti como mujer y la forma de afrontarlo es mediante la distracción.

- Tu casa nunca está más ordenada que cuando tienes un plazo importante a la vista.
- Te sientes culpable o avergonzada cuando dedicas tiempo a ti misma o persigues hobbies que no tienen una finalidad «productiva».
- A menudo te encuentras ofreciéndote como voluntaria para ayudar en el colegio de tu hijo o para hacer recados para tus seres queridos, ya que estar ocupada te da una excusa legítima para procrastinar tus sueños.
- Llevas meses con las mismas tareas en tu lista de pendientes porque siempre las pospones para la semana siguiente.

Prueba *esto*

Repasa una vez más las descripciones de los distintos arquetipos de productividad y utiliza las siguientes preguntas para identificar el arquetipo con el que más te identificas. Puedes escribir un diario con estas preguntas o comentarlas con amigas para profundizar un poco más.

- Piensa en las cinco personas más cercanas a ti en tu vida y considera con qué arquetipo crees que se alinea cada una de ellas. ¿Cuáles son sus fortalezas y a qué desafíos crees que se enfrentan?
- Piensa con cuál de los arquetipos de productividad te resulta más difícil trabajar. ¿A qué crees que se debe?
- ¿Con qué arquetipo de productividad te has sentido más identificada al leer las descripciones?
- ¿Te ha ayudado a dar sentido a algo la lectura de las descripciones de los arquetipos de productividad?
- ¿Ha habido alguna parte de la descripción con la que no te has sentido identificada?
- ¿Te parece que te alineas con diferentes arquetipos en diferentes ámbitos de tu vida? Por ejemplo, yo soy una hacedora cuando se trata del trabajo, pero en mi vida personal soy más bien una procrastinadora.
- ¿Sientes que encarnas diferentes arquetipos en diferentes relaciones o dinámicas? Por ejemplo, ¿sientes la presión de ser una hija o una madre «perfecta»?
- ¿Cómo influye el arquetipo con el que más te identificas en tu relación con la productividad?

También podría ser interesante explorar cómo los arquetipos con los que no te identificas influyen en tu relación con la productividad. Por ejemplo, como hacedora, a menudo me avergüenzo cuando tomo atajos en mi prisa por hacer las cosas, lo que me hace sentir incómoda cuando trabajo junto a una persona perfeccionista que tiene mayor capacidad para el detalle.

Si quieres un poco más de ayuda para identificar tu arquetipo de productividad, tengo un cuestionario gratuito en mi página web. Puedes encontrarlo en: www.sophiecliff.com/the-hustle-cure-quiz.

Conocer y comprender con qué arquetipo (o arquetipos) de productividad te identificas más puede ser de gran ayuda para desenmarañar y redefinir tu relación con la productividad, el éxito y la alegría. Es importante tener en cuenta que estos arquetipos se relacionan con tus preferencias —cómo te resulta más fácil mostrarte en el mundo— y no son rasgos fijos o inamovibles. También existe cierta interrelación inherente entre los arquetipos, por ejemplo, las perfeccionistas pueden tender a procrastinar y las procrastinadoras pueden quedarse estancadas soñando. Es posible que la etapa de la vida en la que te encuentres influya en tu arquetipo: por ejemplo, como madre de una niña pequeña que dirige su propio negocio mientras escribe un libro, ahora me resulta mucho más fácil caer en la categoría de la hacedora, mientras que en otros momentos de mi vida he sido más perfeccionista.

Tú decides cómo utilizar tu arquetipo de productividad a lo largo del libro. Puedes elegir leer solo las recomendaciones para el arquetipo con el que más te identifiques, o puede que quieras leerlo todo y construir tu propio menú de consejos e ideas que te hagan sentir bien. En cualquier caso, espero que sean una fuerza positiva para ti a la hora de abandonar el sobreesfuerzo y abrazar una vida en tus propios términos.

RECAPITULEMOS

- Existen cuatro arquetipos de productividad que configuran la forma en que abordamos nuestras metas y ambiciones:
  - **LAS HACEDORAS**: Personas impulsadas por los logros que siempre parecen estar ocupadas.
  - **LAS PERFECCIONISTAS**: Aquellas que se exigen a sí mismas los más altos estándares y les motiva hacerlo todo bien.
  - **LAS SOÑADORAS**: Personas que imaginan fácilmente un mundo mejor, pero pueden tener dificultades para convertir sus sueños en realidad.
  - **LAS PROCRASTINADORAS**: Aquellas que suelen ser muy creativas, pero se sienten un poco perdidas y les cuesta pasar a la acción.
- Los arquetipos de productividad no son recetas específicas, sino más bien guías para ayudarte a entender mejor tu relación con la productividad, el éxito y la alegría.
- Cada arquetipo tiene sus propios puntos fuertes y desafíos.
- El arquetipo de productividad con el que más te identifiques puede verse afectado por tus experiencias o las presiones únicas a las que te enfrentas como mujer.

CAPÍTULO 3:

DEFINE EL ÉXITO EN TUS PROPIOS TÉRMINOS

Cuando eras una niña, ¿qué querías ser de mayor? ¿Profesora? ¿Veterinaria? ¿Médica? ¿Astronauta? Yo, a diferencia de la mayoría de las niñas, nunca tuve una respuesta clara a esa pregunta. Lo único que sabía era que, cuando fuera adulta, querría trabajar en una oficina. De hecho, no solo quería trabajar en una oficina, sino tener la mía propia.

No recuerdo cómo se originó este sueño. Puede que fueran las películas que veía, en las que mujeres importantes y poderosas caminaban con tacones y contemplaban el horizonte de Nueva York desde sus despachos. Estoy casi segura de que me influyó mucho una visita a la oficina en la que trabajaba mi madre. Me cautivó el *glamour* de un armario con papelería y la forma en que sus colegas habían decorado sus escritorios y oficinas privadas con baratijas de sus casas. Fuera cual fuera el origen de la idea, estaba convencida de que sabría que había alcanzado el éxito si tenía mi propia oficina. Incluso cuando comencé la universidad y pasé de la infancia a la edad adulta, mi objetivo no había cambiado.

En enero de 2022, me encontré en posesión de esa oficina con la que tanto había soñado. Tras una década llena de desafíos en la que desarrollé una carrera empresarial al trabajar para grandes organizaciones globales como The Walt Disney Company y Hallmark, lo dejé todo en 2019, me formé como *coach* y comencé mi propia empresa. Mi motivación para hacer un cambio se basaba en el deseo de encontrar más alegría y libertad en mi carrera, pero admito que los primeros años fueron difíciles: no solo había una pandemia mundial que dificultaba las cosas, sino que además el trabajo de base necesario para construir una cartera de clientes desde cero me desafiaba a diario. A principios de 2022, sin embargo, sentí que tenía un verdadero impulso detrás de mí. Mi consultorio de *coaching* estaba al máximo de su capacidad, estaba escribiendo mi primer libro, mis programas grupales se estaban agotando y acababa de conseguir contratos para impartir formación sobre bienestar a algunas organizaciones impresionantes. Y lo que es más importante, el crecimiento de mi negocio me había permitido hacer realidad el sueño que tenía desde que era pequeña. Tenía mi propia oficina, un espacio para mí sola, en pleno centro de la ciudad con vistas a un hermoso parque.

En teoría, estaba experimentando un gran éxito. Los ingresos de mi negocio crecían con rapidez, mi agenda estaba llena y las oportunidades parecían seguir fluyendo hacia mí. Me sentía como esa mujer que había visto en las películas de mi infancia —de una reunión a otra, almorzando sobre la marcha, trabajando hasta tarde en la oficina que había adornado con estampados inspiradores y velas costosas. Pero no me sentía exitosa. Me sentía cansada. Abrumada. Temerosa de que iba a dejar caer algo y defraudar a alguien. Estaba trabajando los fines de semana, algo que siempre juré que nunca volvería a hacer una vez que dejara la vida corporativa, y me sentí un fraude: le decía a todo el mundo que eligiera la alegría, cuando a mí me costaba darle prioridad en medio del caos de mi agitada carga de trabajo.

Afortunadamente, mi formación y experiencia como psicóloga positiva me ayudaron a reconocer lo que estaba ocurriendo antes de que las cosas se pusieran demasiado feas. He trabajado bastante en la identificación de mis valores fundamentales y en la definición de mi propia versión del éxito para darme cuenta de cuándo estoy persiguiendo algo que no se siente del todo bien para mí, y enseguida me percaté de que acumular trabajo extra no me sentaba nada bien. Lo que me llamó la atención de aquella experiencia fue lo fácil que es caer en la idea de que estar ocupada es sinónimo de ser exitosa, lo tentador que es decir sí a todos los proyectos, incluso cuando ya he realizado todo ese trabajo. Sin embargo, esto no debería sorprendernos ya que, como comentamos en el Capítulo 1, vivimos en un mundo que considera que estar ocupada y ser exitosa —y, en última instancia, ser feliz— son sinónimos. Eso significa que es demasiado fácil asociar nuestra productividad con nuestra autoestima.

Crecemos con la creencia de que cuanto más hagamos, más éxito tendremos, y también se nos recuerda una y otra vez que el éxito es el pináculo, por lo que todas deberíamos luchar. ¿No me crees? Piensa un momento en las mujeres más alabadas y celebradas en nuestra sociedad, a las que entrevistan en revistas y pódcasts, a las que incluimos en listas como *Forbes 30* Under 30 o las aplaudimos por conseguir compaginarlo todo. Son las mujeres que parecen ir a toda velocidad por la vida acumulando logros, siempre trabajando en un nuevo proyecto o desarrollando una nueva habilidad. Son las que parecen ser capaces de equilibrar a la perfección su vida profesional y familiar, y lucen perfectas mientras lo hacen. Son las mujeres que, al menos por fuera, encajan en el molde de «tenerlo todo». Equiparamos la productividad voraz con el éxito, y ubicamos a las personas más productivas como nuestros íconos. No es de extrañar que muchas de nosotras caigamos en la trampa de pensar que el éxito, y por lo tanto la felicidad, está al otro lado del siguiente proyecto u objetivo. No es de extrañar que tantas de nosotras estemos exhaustas, y nos agotamos mientras intentamos estar a la altura de un sinfín de expectativas y presiones.

Estas presiones por tenerlo todo hecho y de forma rápida afectan a todos, pero son aún mayores para las mujeres. Lo he visto con amigas y clientas. Nuestro reloj biológico influye: si sabemos que queremos tener hijos, puede haber una mayor presión por lograr el éxito tradicional en nuestras carreras en nuestros veintes, para tener una red de seguridad sólida cuando decidamos formar una familia. Incluso si tener hijos no está en nuestros planes, puede que nos afecte la llamada «penalización por maternidad». Según un estudio, se considera a las mujeres un riesgo a la hora de contratarlas debido a su potencial para ser madres en el futuro (Peterson Gloor, Okimoto y King, 2021). El envejecimiento también influye. Por ejemplo, un estudio de 2023 (Choi-Allum) reveló que más de dos tercios de las trabajadoras de cuarenta años o más habían sufrido discriminación por edad en el trabajo, mientras que nuestros homólogos masculinos se consideran más sabios e informados a medida que envejecen. No es de extrañar que nos dejemos arrastrar por el afán de alcanzar el pináculo de la sociedad antes de que sea «demasiado tarde».

Pero si nos detenemos y reflexionamos de verdad, creo que la mayoría de nosotras estaría de acuerdo en que perseguir esta versión del éxito —la versión que nos exige hacer más, ser más, tener más; la versión que no deja espacio para nuestra humanidad y nuestros deseos; la versión que tiene un impacto negativo en nuestro bienestar— no nos sirve. No nos hace más felices. De hecho, a menudo sucede lo contrario: nos deja con un miedo constante a quedarnos atrás.

Es agotador tratar de imponernos normas que no hemos contribuido a establecer. Creo que es hora de que empecemos a redefinir el éxito en nuestros propios términos.

Redefinir la idea de éxito

En 2019, la trabajadora de cuidados paliativos Bronnie Ware publicó sus memorias: *De qué te arrepentirás antes de morir*. En el libro comparte su experiencia de trabajo con personas en fase terminal y las lecciones que aprendió al cuidarlas, con la esperanza de que podamos aprender a vivir mejor que quienes nos han precedido. Los dos principales remordimientos que enumera en su libro son los siguientes:

1. Ojalá hubiera tenido el valor de vivir una vida fiel a mí misma, no la que los demás esperaban de mí.
2. Ojalá no hubiera trabajado tanto.

De todas las personas a las que Bronnie Ware cuidó durante muchos años, estos dos remordimientos fueron los que surgieron con más frecuencia. ¿No es impresionante?

Creo que hay dos puntos clave a la hora de redefinir la idea del éxito. En primer lugar, es crucial definir el éxito en nuestros propios términos. Todas somos personas únicas, con prioridades y valores distintos, y todas tenemos cosas que queremos saborear en nuestras vidas. Lo que a ti te importa y lo que tú valoras será diferente de lo que es lo más importante para mí, y eso está bien, siempre que lo reconozcamos. La única forma de sentirnos realmente exitosas es vivir una vida que nos parezca auténtica a nosotras, y una gran parte de eso consiste en ser intencional al averiguar lo que en verdad queremos, en lugar de dejarnos atrapar por las expectativas y los hitos que nos imponen la sociedad o nuestras comunidades.

En segundo lugar, nuestra definición del éxito debe abarcar algo más que el trabajo porque la vida va más allá de nuestra carrera. Puede parecer obvio, pero ¿cuántas veces has renunciado a un objetivo personal por una fecha de entrega apremiante o te has saltado una cena con amigas porque tenías que terminar un proyecto? El trabajo puede ser una parte importante de nuestra identidad y es fácil que la presión de nuestros jefes o la comparación con nuestros compañeros infle la importancia de nuestras carreras. Sin embargo, debemos ser capaces de distanciarnos un poco y dar al trabajo la importancia que merece en nuestras vidas si queremos evitar los arrepentimientos que antes he mencionado. Cuando damos prioridad al trabajo por encima de todo, ¿qué nos estamos perdiendo? Cuando nos valoramos solo por lo que ganamos o por nuestros logros profesionales, ¿cómo afecta eso a nuestra autoestima?

Lo que aprendí del libro de Ware es lo siguiente: se nos ha regalado una vida preciosa y hermosa, y tenemos que aprovecharla al máximo. Para ello, debemos decidir qué queremos de la vida, en lugar de dejarnos llevar por ella. Aunque tengamos la suerte de vivir hasta los noventa años, nuestro tiempo aquí es efímero. Y, sin embargo, muchas de nosotras lo atravesamos en piloto automático, y acumulamos presiones y esperamos que la vida nos lleve aún más lejos. ¿Y para qué sirve todo esto? Sabemos por el Capítulo 1 y nuestra exploración de la falacia de la llegada que acumular logros no nos aporta más felicidad. De hecho, uno de los mayores estudios de psicología positiva, en el que participaron casi un millón de personas, sugiere que podría ser al revés: la felicidad y otras emociones positivas preceden a los resultados satisfactorios (Lyubomirsky, King y Diener 2005).

La razón por la cual experimentar emociones positivas puede aumentar nuestras posibilidades de éxito puede explicarse mediante la teoría de ampliar y construir, desarrollada por la destacada psicóloga social Barbara Fredrickson (2004). Según su teoría, mientras que las emociones negativas pueden llevarnos a adoptar comportamientos limitados y orientados a la supervivencia, como responder mediante la lucha, la huida o el congelamiento, las emociones positivas amplían nuestra conciencia y fomentan nuevos pensamientos y acciones.

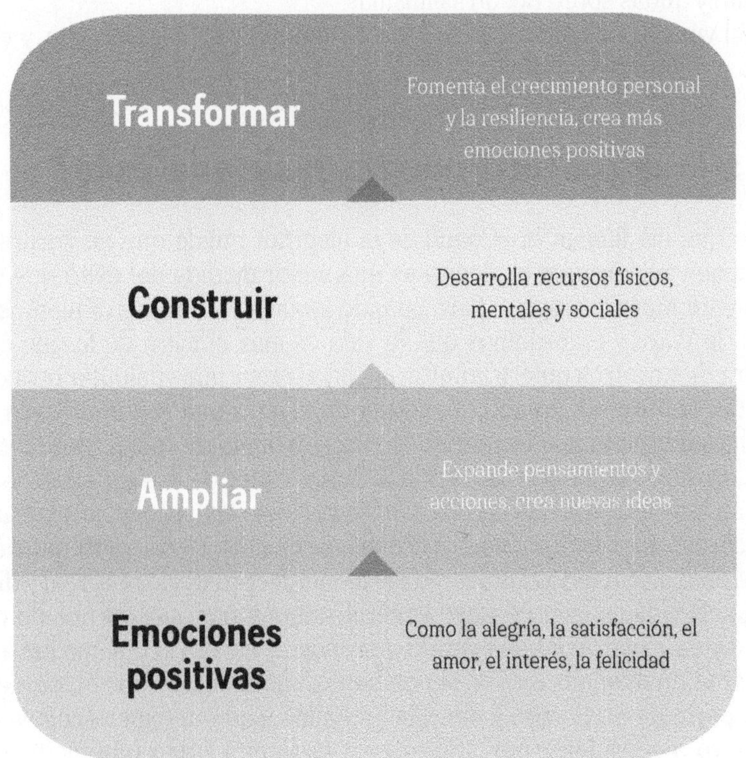

Como se muestra en el diagrama anterior, la idea es que, cuando experimentamos emociones positivas, ampliamos nuestro pensamiento y creamos nuevas ideas. Entonces somos capaces de construir nuevos recursos mentales, físicos y sociales que nos ayudan a avanzar en nuestro crecimiento personal y nuestra resiliencia, lo que conduce a una transformación positiva. Por ejemplo: si llegas a una conferencia de trabajo sintiéndote bien, es más probable que te presentes a alguien nuevo. Entablas una conversación interesante con la persona y mantienes el contacto después del evento. Cuando llegue el momento de buscar un nuevo empleo, tal vez pueda presentarte a alguien de su red o darte consejos que te ayuden a triunfar en la entrevista. Pero lo más importante es que has establecido una nueva conexión y has experimentado el placer de conocer a alguien, y de esa forma habrás ampliado tus horizontes.

Si nos detuviéramos a pensar en lo que realmente queremos de la vida, muchas nos daríamos cuenta de que la medida tradicional del éxito que hemos estado persiguiendo —la que nos obliga a buscar algo más grande, algo mejor y más— podría no estar sirviéndonos como esperábamos. De hecho, podría ser lo que nos mantiene atrapadas en un ciclo de agotamiento y dudas sobre nosotras mismas.

Tal vez haya llegado el momento de redefinir la idea de éxito, y yo sé justo por dónde empezar.

¿Y si la alegría fuera nuestra medida del éxito?

Dado que me llaman la «*Coach* de la alegría», puede que no sorprenda tanto que sugiera que la alegría es una mejor medida del éxito que simplemente nuestros logros. Pero cuando leemos esos remordimientos del libro de Ware y recordamos que la vida es más efímera de lo que cualquiera de nosotros quiere admitir, es difícil creer que cualquier otra cosa sea tan importante como la cantidad de alegría que sentimos cada día. Esa ha sido sin duda mi experiencia. Tras un duelo traumático en 2016, mi medida del éxito cambió de forma drástica. Antes de esa experiencia, me habían interesado todas las cosas basadas en el ego: el dinero, el estatus, los logros y los elogios. También conseguí muchas cosas, pero nunca me hicieron feliz. Cuando el universo me dio un recordatorio muy real y difícil de que la vida no es un ensayo general, entendí por qué: porque no eran las cosas las que le daban sentido o propósito. No era lo que me iba a importar al final de mis días. Y, sin embargo, había dejado que absorbieran gran parte de mi tiempo y energía limitados. Fue esa experiencia la que me llevó a considerar por primera vez la alegría como una medida del éxito, y desde entonces animo a los demás a hacer lo mismo.

Hay algunas cosas que quiero aclarar antes de explorar cómo podemos utilizar la alegría como medida del éxito. Primero, ¿qué quiero decir con «alegría»? Es un término difícil de definir y muchos lo confunden con la felicidad, pero los estudios sugieren que son dos conceptos diferentes. La felicidad suele ser circunstancial; por ejemplo, podemos sentirnos felices cuando es nuestro cumpleaños o cuando alguien nos hace un comentario positivo. La alegría, en cambio, es algo que podemos cultivar y experimentar incluso cuando el subidón eufórico de felicidad nos parece inalcanzable. También puede experimentarse junto con emociones más desafiantes, como el dolor o el estrés. La alegría tiende a surgir cuando nos sentimos presentes y en el momento. La conexión y la gratitud son grandes predictores de la alegría: cuando nos sentimos parte de una comunidad más grande y agradecidas por todo lo que tenemos en nuestras vidas, la alegría tiende a fluir.

Luego, cuando hablo de vivir con alegría, no estoy sugiriendo que debamos sentirnos alegres todo el tiempo. No creo que experimentar alegría las veinticuatro horas del día sea una expectativa posible o razonable para nosotras mismas. De hecho, parte de la razón por la cual la alegría se siente tan bien es porque hemos experimentado emociones contrastantes. Tampoco creo que tengamos que eliminar todas las dificultades de nuestra vida para sentir alegría. En cambio, creo que vivir con alegría consiste en prestar tanta atención a las cosas buenas de nuestra vida como a las malas y crear espacio para estar lo más presentes posible en todas esas cosas buenas.

En mi experiencia de apoyo a los clientes durante los últimos cinco o seis años, he visto que a las mujeres en particular les resulta difícil priorizar la alegría y mantenerla al frente y en el centro de su propia definición del éxito. Es posible que ni siquiera sepan qué aportaría más alegría a sus vidas. No es de extrañar, ya que como sociedad celebramos a las mujeres por su abnegación y su capacidad para anteponer siempre las necesidades de los demás a las suyas propias. Nos han condicionado a creer que la alegría es la recompensa por ser una «buena» mujer, que tenemos que ganarnos la felicidad «teniéndolo todo». Pero esa no es forma de vivir. En palabras de Mary Oliver, «La alegría no está hecha para ser una migaja». Es una emoción esencial, vital y vivificante que merecemos experimentar con la mayor regularidad posible. Y si todavía te preocupa que priorizar tu propia alegría te vuelva egoísta, recuerda que eres un modelo para los que te rodean. Si quieres que tus hijos o tus seres queridos den prioridad a la alegría en sus vidas, tienes que empezar a mostrar que es seguro hacerlo.

Con eso en mente, hagamos un pequeño ejercicio.

✹ Prueba *esto* ✹

Si la alegría fuera tu única medida del éxito, ¿cuán exitosa sería tu vida en este momento? Puede parecer una pregunta desalentadora, así que déjame que te ayude a desglosarla. Puntúa cada una de las categorías que aparecen a continuación sobre diez, en función de lo alegres que te parezcan en este momento. Diez es lo más alegre que puedas imaginar y uno es la ausencia total de alegría. Intenta no pensar demasiado y anota el primer número que se te venga a la cabeza:

Amigos y familia = /10
Trabajo y carrera = /10
Relación romántica = /10
Salud y estado físico = /10
Diversión y ocio = /10
Crecimiento personal = /10

Una vez que hayas puntuado cada área de tu vida según lo alegre que se siente, da un paso atrás y reflexiona. ¿Te sorprende? ¿Tus puntuaciones son similares en todas las áreas o hay variaciones? ¿Se te ocurre por qué puede ser?

Recuerda que, como mujeres, a menudo nos enfrentamos a presiones y expectativas únicas en cada una de estas áreas de la vida. Puede que la sociedad nos diga que tenemos que ser la perfecta madre, esposa, empleada y amiga, todo mientras mantenemos un equilibrio saludable entre el trabajo y la vida personal lleno de ocio despreocupado y diversión. Intentar cumplir estas normas poco realistas puede dificultar que encontremos la alegría y nos sintamos exitosas de verdad, incluso cuando estamos sobresaliendo según las medidas tradicionales.

Teniendo en cuenta tus puntuaciones, ¿cuán exitosa te parece tu vida ahora? Ve con calma. Sé que cuando completé este ejercicio, hace años, me sentí bastante abrumada al darme cuenta de que, en la búsqueda del éxito tradicional, había estado sacrificando las cosas que eran más importantes para mí. Me sentía muy arrepentida y culpable por las experiencias y los momentos que me había perdido. Si te sientes de la misma manera, sé amable contigo misma y confía en que veremos los cambios que pueden ayudarte a lo largo del resto de este libro.

La libertad de saber que es suficiente

Antes de pasar a escribir tu propia definición del éxito, hay una idea más que quiero explorar. ¿Cómo sería para ti tener lo suficiente?

Suficiente no es una palabra atractiva. No en una sociedad que celebra la indulgencia, la opulencia y la abundancia. Suficiente puede parecer básico, aburrido, incluso mezquino y, admitámoslo, no tan alegre. Pero ¿me creerías si te dijera que aprender a reconocer lo que es suficiente para mí ha sido uno de los cambios de mentalidad más liberadores que he experimentado?

Como mujeres, a menudo actuamos desde una posición de escasez. Tal vez sea porque nos han condicionado a creer que nuestra valía está ligada a nuestra apariencia, nuestras relaciones y nuestros logros profesionales. Tal vez sea porque hemos crecido en un mundo en el que persiste la brecha salarial entre hombres y mujeres y sentimos que siempre tenemos que esforzarnos más para demostrar que valemos. En mi caso, considero que entran en juego mis raíces familiares de clase trabajadora, un instinto hereditario de supervivencia que me recuerda que nunca debo dormirme en los laureles. También recuerdo que me gradué en plena recesión, cuando literalmente no había suficientes puestos de trabajo. Sea cual sea el origen de ese condicionamiento, ahora veo que la mentalidad de la escasez no nos sirve. Nos aleja de nuestra intuición y nuestros valores fundamentales y nos convence de que necesitamos más para ser felices y estar satisfechas. Preguntarnos a nosotras mismas qué es lo suficiente es la forma más eficaz que he encontrado de anular ese deseo constante y agotador de tener más.

Porque cuando realmente me siento y reflexiono sobre mis respuestas a esa pregunta, me doy cuenta de que necesito mucho menos de lo que siempre he creído. Para mí, tener lo suficiente es tener un trabajo que me satisfaga y me suponga un desafío, un trabajo que me permita tener un impacto positivo en el mundo. Es tener una casa que pueda albergar a nuestra pequeña familia, con espacio suficiente para recibir a los amigos y para que las personas que queremos vengan a quedarse. Es tener mucho tiempo y espacio para crear, salir al aire libre y vivir el momento. Es tener suficiente dinero para mantener mis intereses creativos y los de mi marido, con un poco de sobra para vivir. Y eso es todo. No necesito un trabajo de lujo. No necesito una casa con más habitaciones que las que realmente voy a usar. No necesito un sueldo enorme, ni un automóvil llamativo, ni un armario repleto de prendas de diseño. No necesito vacaciones de lujo de cinco estrellas, ni compras interminables, ni un código postal en la mejor zona de la ciudad. No necesito lucir como una supermodelo.

Y es al darme cuenta de esto cuando llega la libertad. Porque si no necesito esas cosas, si puedo vivir una vida realmente buena sin ellas, puedo liberarme del interminable esfuerzo que requiere conseguirlas. Puedo dejar de dañar mi autoestima por intentar conseguir cosas que no añadirán más felicidad a mi vida. Puedo reconocer que ya tengo suficiente y centrar mis esfuerzos en apreciar de verdad esas cosas y la alegría que me aportan. No necesito correr una carrera para adquirir riqueza y poder jubilarme pronto, porque puedo disfrutar de la vida aquí y ahora.

Puede que tu definición de «suficiente» sea distinta de la mía. No pasa nada. La clave está en averiguar qué es y qué sientes tú como suficiente y dejar que esa sea tu estrella polar. En el mundo en el que vivimos, la elección de buscar solo lo que se siente como suficiente en lugar de dejarse arrastrar por la búsqueda interminable de más es un acto radical, que tiene el potencial de transformar la forma en que nos cuidamos unos a otros y el planeta en el que vivimos. También es una de las cosas más liberadoras que puedes hacer por ti misma.

Porque elegir lo suficiente no es aburrido. Es libertad. Es ser libre de las metas y las ambiciones que ya no te sirven. Libre para volcar tu energía en las cosas que de verdad te importan. Libre de la necesidad de ganar más, tener más, ser más. Libre para ser quien eres y abrazar toda tu singularidad. Y, sobre todo, libre para disfrutar de la vida en toda su imperfecta y hermosa gloria.

No se trata de renunciar a tus ambiciones ni de conformarte con menos. Se trata simplemente de elegir las ambiciones que son adecuadas para ti y soltar el control que todo lo demás pueda tener sobre ti. Cuando hacemos eso, sabemos que estamos logrando una verdadera productividad al volcar nuestra energía solo en las búsquedas que añadirán valor y alegría a nuestras vidas.

Uno de los mayores obstáculos a la hora de averiguar qué es suficiente para ti es bloquear el ruido y las influencias que te rodean. Puede ser difícil concentrarnos en nuestra propia voz interior y en nuestros deseos cuando nos bombardean de forma constante con anuncios y opiniones de otras personas, pero hay algunas medidas prácticas que podemos tomar para bajar el volumen. Aquí tienes algunas ideas:

- **Haz una desintoxicación digital.** Deja de seguir las cuentas de redes sociales que te hagan sentir menos o que te lleven a querer comprar más o a verte diferente. Sé consciente mientras navegas por las redes, observa cómo te sientes cuando entras en determinadas publicaciones o cuentas, y sé generosa con las cuentas que dejas de seguir. Es increíble lo rápido que puede cambiar tu narrativa interna cuando no comparas tu vida con la de extraños en Internet.
- **Reconoce quién en tu vida aumenta la presión que sientes.** Por ejemplo, ¿tus padres o tus compañeros comparten libremente sus opiniones sobre tus elecciones o sientes la presión de estar a la altura de tus amigas? Aunque no puedes eliminar estas influencias con tanta facilidad como las cuentas de las redes sociales, el simple hecho de ser consciente del impacto que tienen en ti puede ayudarte a ser más consciente a la hora de buscar consejos u orientación.
- **Piensa en quién se beneficia de que persigas determinados objetivos**. Por ejemplo, cuando me di cuenta de que mi mala imagen

corporal estaba ayudando a las empresas de adelgazamiento y belleza a ganar mucho dinero, me resultó más fácil darme cuenta de que el ideal de belleza es un mito creado para vendernos cosas, lo que disminuyó su poder sobre mí. Tal vez te des cuenta de que la presión por ser una madre «perfecta» ayuda a comercializar ciertos productos, o tal vez tomes conciencia de que nuestro constante afán por conseguir más nos mantiene distraídas de los verdaderos problemas sociales que afectan nuestras vidas.

- **Pregúntate a ti misma:** ¿Seguiría queriendo esto si no pudiera contárselo a nadie? Esta pregunta es estupenda para ayudarte a aclarar qué objetivos o empeños añaden valor a tu vida y cuáles puedes estar persiguiendo en un esfuerzo por estar a la altura o agradar a otras personas.

Déjalo ir

Con todo esto en mente, ¿hay alguna medida del éxito que te gustaría rechazar de forma activa? Cuando dejamos de lado las ambiciones o los hitos que no nos parecen adecuados, creamos más espacio para centrarnos en los que sí lo son.

Por ejemplo, puede que te hayas dado cuenta de que en realidad no quieres ascender en la empresa y prefieres seguir una carrera que sea más flexible y te permita conciliar la vida laboral y personal. O tal vez, como mi clienta Elise, hayas descubierto que la presión por tenerlo todo —la familia perfecta, una carrera exitosa y un estilo de vida envidiable— es menos importante para ti de lo que habías pensado en un principio, y que te sentirías más feliz si dedicaras tu energía al crecimiento personal y a las experiencias. Cuando realicé este ejercicio con mi clienta Li, se dio cuenta de que había estado trabajando para conseguir una versión del éxito muy influida por sus padres inmigrantes y las esperanzas que tenían puestas en ella. A pesar de lo difícil que fue desvincular su autoestima de lo que esperaban de ella, esto le permitió hacer cambios que le resultaron más gratificantes y satisfactorios.

¿Qué sería posible para ti si dejaras de ocuparte de cosas que ni siquiera quieres? Muchas de nosotras perseguimos metas que no se alinean con nuestros verdaderos deseos cada vez que escuchamos las presiones de nuestra cultura en lugar de nuestros propios objetivos. Pero, al rechazar estas medidas del éxito externas, podemos crear espacio para lo que de verdad nos importa.

Define el éxito a tu manera

Bien, ha llegado el momento de crear una definición del éxito que se ajuste a ti. ¿Esa idea te hace sentir emocionada y esperanzada o te intimida un poco? Es probable que dependa del arquetipo con el que más te identificaste en el Capítulo 2.

LA HACEDORA

Si te identificas como una hacedora, es posible que nunca hayas tenido muy en cuenta tu definición del éxito. Las mujeres que son hacedoras tienden a centrarse tanto en tachar lo que sigue en la lista que es raro que se detengan a reflexionar qué sentido tiene todo eso. Este fue sin duda el caso de mi clienta María. María saltó directamente de su título en Derecho a una firma competitiva y pasó las dos primeras décadas de su carrera escalando posiciones y sacrificando todo lo demás en su vida para llegar a ser socia. Pero cuando por fin lo consiguió, no sintió la abrumadora oleada de éxito que esperaba, sino que se sintió exhausta y agotada. Acabó pidiéndose un período de licencia laboral de tres meses para recuperarse.

No podemos confiar en que alcanzar la versión del éxito que la sociedad ha establecido para nosotras nos hará felices. En lugar de eso, tenemos que plantearnos cómo queremos sentirnos y qué es lo más importante para nosotras. Al hacerlo, nos aseguramos de que toda la energía que invertimos en realizar algo nos acerca al lugar en el que queremos estar: un lugar en el que nos sentimos más satisfechas, alegres y con un propósito. El ejercicio que encontrarás al final de este capítulo te ayudará a aclarar tu propia versión del éxito. Puede que te resulte difícil si no te lo habías planteado antes, pero estoy segura de que también te traerá algunas revelaciones importantes.

LA PERFECCIONISTA

Si eres más bien una perfeccionista, puede que la idea de forjar tu propia definición del éxito te resulte intimidante y abrumadora. Las mujeres perfeccionistas prefieren seguir las reglas, por lo que dar la espalda a las medidas tradicionales del éxito puede acabar siendo algo incómodo. Pero es fundamental que lo hagas si quieres experimentar más alegría y satisfacción en tu vida.

Presta mucha atención a cómo las opiniones o percepciones de otras personas pueden estar moldeando tu definición del éxito. Por ejemplo, a mi clienta Li siempre le motivó ser la hija «perfecta» y cumplir las ambiciones que sus padres tenían para ella. Esto la llevó a seguir una carrera que no le satisfacía, y sentía que se había perdido otras cosas importantes para ella, como viajar, por perseguir esos objetivos. Darse cuenta de que ser «perfecta» para otra persona nunca la haría feliz animó a Li a hacer el desafiante trabajo de desprenderse de esas definiciones externas del éxito y empezar a ponerse en contacto con lo que ella realmente quería.

Aunque puede ser difícil, intenta no preocuparte demasiado por cómo alcanzarás tu definición del éxito en este momento; ya lo averiguaremos en los capítulos que siguen.

LA SOÑADORA

Si te identificas como una soñadora, es probable que definir tu propia versión del éxito te resulte bastante natural, gracias a tu creatividad y talento para imaginar una mejor forma de hacer las cosas. Sin embargo, como descubrió mi clienta Samia, compartir grandes ideas siendo mujeres a menudo nos expone a la resistencia o al escepticismo. Cuando compartió su visión de un nuevo espacio para hacer contactos que reuniría a mujeres de diferentes comunidades, sus colegas masculinos se rieron de ella y la animaron a centrarse más en su trabajo diario. Después de cuatro años y un montón de increíbles eventos para hacer contactos, es Samia quien se ríe. Si has experimentado una resistencia o una ridiculización similar, no dejes que te detenga: tu perspectiva y visión únicas son valiosas y merecen ser exploradas.

A medida que exploras qué es el éxito para ti, considera la posibilidad de plasmar algunas de tus ideas en un tablero de visión, ya sea fabricado a la vieja usanza, con recortes de revistas, o creado en línea utilizando una herramienta como Canva o buscando imágenes en Pinterest y otras plataformas en línea. Mientras creas tu tablero de visión, fíjate en qué es lo que más te atrae y qué es lo que más te emociona de esas cosas.

También puede ser útil intentar anotar los detalles concretos que se te ocurran en esta parte. Cuanto más clara tengas tu definición del éxito, más fácil te resultará crear tu plan de acción en los capítulos siguientes. Si lo dejamos demasiado vago, puede ser tentador quedarse en la etapa de los sueños en lugar de dar los pasos necesarios... ¡para hacerlo realidad!

L

LA PROCRASTINADORA

Por último, si eres una procrastinadora, puede que experimentes cierta resistencia cuando se trata de definir tu propia versión del éxito. A lo mejor te sientes agotada por haber realizado antes un ejercicio como este y te cuesta pasar a la acción para hacerlo realidad. O tal vez, en el fondo, no crees que tu visión del éxito sea realista. Tal vez tengas miedo al fracaso, y a lo que el hecho de intentarlo y fracasar significaría para tu autoestima. Pero quizá también le temas al éxito y lo que significaría para tu identidad alcanzar todo lo que deseas.

Este fue el caso de mi clienta Jade, que pasó la primera parte de su carrera trabajando como logopeda, un trabajo que le valió muchos elogios y respeto en su comunidad. Pero, aunque disfrutaba de algunos aspectos de su trabajo, otros comprometían su bienestar y su realización, y se sentía agotada con frecuencia. Jade soñaba con dejar su profesión y capacitarse para ser florista, pero le costaba admitir que era algo que deseaba. Sospechaba que, al hacer un cambio, perdería el respeto y los elogios que le otorgaba su carrera actual.

Como mujeres, nos puede resultar difícil perseguir nuestras verdaderas pasiones y nuestros deseos cuando nos preocupa lo que pensarán los demás o cuando nos sentimos culpables por anteponer nuestras propias necesidades. Reconocer esos miedos y hacerles frente permitió a Jade empezar a definir el éxito en sus propios términos y actuar para conseguirlo. Lo mismo te puede ocurrir a ti. Aclara lo que hay detrás de tu procrastinación y puede que descubras que esa claridad reduce el poder que tiene sobre ti.

HAZLO A TU MANERA

Es hora de definir tu propia versión del éxito. Para ayudarte a hacerlo, quiero compartir una herramienta de la psicología positiva llamada el ejercicio del Mejor yo posible. Se ha demostrado que este ejercicio, desarrollado en 2001 por la Dra. Laura King, aumenta la esperanza, mejora nuestro bienestar e incrementa el optimismo. Pero, lo que es más importante para nosotras, también se ha demostrado que ayuda a las personas a tener más claros sus objetivos y ambiciones.

Se trata de un ejercicio híbrido de visualización y escritura. Estas son las instrucciones:

- Piensa en tu vida en el futuro. Imagina que todo ha ido lo mejor posible. Has trabajado duro y has conseguido alcanzar todos los objetivos de tu vida. Piensa en ello como la realización de todos los sueños de tu vida. Ahora, escribe sobre lo que has imaginado.
- Las instrucciones del estudio original invitaban a los participantes a escribir acerca de lo que habían imaginado durante veinte minutos y a repetir la actividad cuatro días consecutivos. Sin embargo, la evidencia sugiere que el ejercicio es útil incluso si solo se realiza una o dos veces.
- Cuando hayas terminado, tómate un tiempo para reflexionar sobre lo que has visualizado y escrito. ¿Qué fue lo más importante para ti en tu visión? ¿Esta reflexión ha cambiado en algo tu forma de pensar sobre el éxito?

Aquí tienes algunos consejos que te ayudarán a sacar el máximo partido de este ejercicio:

- No te preocupes demasiado si te resulta difícil la primera vez que reflexionas sobre este tema. Si nunca has dedicado mucho tiempo a pensar en tu propia definición del éxito, puede que te quedes en blanco. No pasa nada, sigue repitiendo el ejercicio hasta que tu visión comience a fluir.
- Fíjate un periodo de tiempo concreto. Por ejemplo, piensa en cómo quieres que sea tu vida dentro de cinco o diez años.
- Recuerda adoptar un enfoque holístico, pensando en toda tu vida y no solo en tu carrera, tus finanzas o tu estatus social.
- Piensa en cómo puedes tener presente tu visión del futuro. Una forma de hacerlo podría ser crear un tablero de visión en Pinterest, con imágenes y citas que reflejen cómo esperas que el futuro se vea y se sienta.
- Celebra una velada con tus amigas. Reúne a tus mejores amigas para reflexionar un tiempo de forma individual sobre el tema y luego compartir lo que cada una imaginó. A veces siento que a las personas les resulta más fácil tener clara su visión si hablan de ella que si solo la escriben.
- Considera la posibilidad de repetir este ejercicio con regularidad. A mí me gusta completarlo cada tres o cuatro meses. Hacerlo me permite mantenerme conectada con mi propia definición del éxito, y también me da la oportunidad de modificarla si me siento llamada a hacerlo.

RECAPITULEMOS

- Vivimos en una sociedad que iguala los logros con el éxito, pero explorar los arrepentimientos más comunes nos muestra que es necesario definir el éxito en nuestros propios términos, sobre todo como mujeres que a menudo se enfrentan a presiones y expectativas únicas.
- Perseguir una versión del éxito que no sentimos auténtica puede ser perjudicial para nuestra autoestima y contribuir al cansancio y el agotamiento.
- La alegría puede ser una medida más significativa del éxito que los logros, sobre todo para quienes sentimos la presión de tenerlo todo. Saber qué es lo suficiente puede ayudarnos a crear más libertad en nuestras vidas y a soltar la interminable búsqueda de más que puede hacer que nos sintamos abrumadas e insatisfechas.
- Definir el éxito en nuestros propios términos es clave para ayudarnos a enfocar nuestros recursos y energías limitados en lo que de verdad nos importa.

CAPÍTULO 4:
DESCANSA LO QUE NECESITAS PARA PROSPERAR

¿Recuerdas cuando llegó la pandemia y nos dimos cuenta de que pasaríamos más tiempo en casa debido al aislamiento? ¿Eres de las que se fijó un objetivo para la utilización de ese tiempo? Recuerdo que las redes sociales estaban inundadas de personas que aprendían a tejer por primera vez o que prometían ponerse más en forma que nunca. Otros se descargaban Duolingo para aprender un nuevo idioma, y muchos tuvieron la misma idea que mi marido y se propusieron aprovechar el tiempo para dominar nuevas recetas.

Yo me propuse descansar. En medio de todo el pánico y la confusión de los primeros días de la pandemia, el resquicio de esperanza al que llegué fue que tal vez por fin podría hacer frente al cansancio que parecía no poder quitarme de encima. El año anterior al primer aislamiento había sido muy agitado para mí. Había terminado mis estudios de *coaching*, había montado mi empresa, había cumplido treinta años y había dejado mi carrera empresarial. Trabajar todas las noches hasta tarde y los fines de semana también, combinados con la adrenalina de dar un giro importante a mi vida, me habían dejado exhausta, y estaba decidida a aprovechar el aislamiento social forzoso para recuperar el sueño.

¡Y lo conseguí! Al no tener que desplazarme al trabajo, salir a cenar o ir de fiesta hasta altas horas de la noche, pude acostarme pronto y dormir hasta más tarde de lo habitual, con un promedio de nueve o diez horas por noche. Sin embargo, aún me sentía cansada. Al principio, pensé que podía deberse a todo el estrés y la incertidumbre que acompañaban a esa época. Claro que dormía más de lo normal, pero también me preocupaba mucho, y atribuí el cansancio a eso. Pero entonces me topé con una charla TEDx que me hizo darme cuenta de que había mucho más en juego.

En esa charla TEDx de 2019, la doctora Saundra Dalton-Smith, médica y autora galardonada, analiza cómo, para sentir que descansamos bien, necesitamos algo más que dormir. De hecho, ella argumenta que necesitamos asegurarnos de que estamos obteniendo siete tipos diferentes de descanso: descanso físico (sueño y siestas, por ejemplo), descanso mental, descanso espiritual, descanso sensorial, descanso emocional, descanso creativo y descanso social. Ver esa charla TEDx fue revelador para mí porque, por primera vez, me di cuenta de que el descanso es algo más que una recarga física.

Hasta ese momento, creía que para tener la energía suficiente, para alcanzar mis objetivos y ser todo lo productiva que me gustaría, solo tenía que concentrarme en dormir lo suficiente. Pero, de repente, me di cuenta de que recargar las pilas es mucho más que recuperarse físicamente: también hay que asegurarse de tener los recursos emocionales, mentales, creativos y espirituales necesarios para perseguir nuestras ambiciones. Esto es especialmente cierto en el caso de las mujeres, que a menudo se enfrentan a responsabilidades únicas —como tener hijos, mantener contactos sociales y gestionar la carga mental, además de todo lo demás— que pueden hacer que se sientan agotadas en múltiples áreas de su vida.

Como suele ocurrir cuando tengo este tipo de momentos de iluminación, me obsesioné con explorar este tema con más detalle. Leí todo lo que caía en mis manos, observé cómo mis clientes hablaban del descanso en nuestras sesiones de *coaching* y discutí el tema durante horas con mis amigas y compañeros. Esta exploración me llevó a desarrollar mi propio modelo de descanso y recarga:

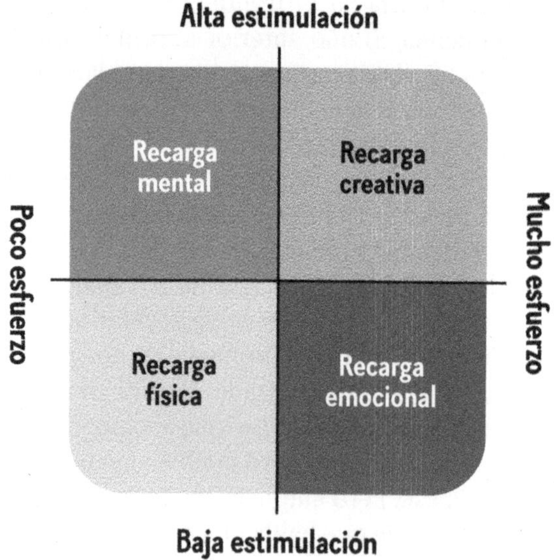

Antes de desarrollar este modelo, había asumido que el descanso se centraba en las actividades del cuadrante inferior izquierdo, es decir, en las actividades de baja estimulación y poco esfuerzo, como los masajes, el sueño y la siesta. Sin embargo, llegué a la conclusión de que, para sentirnos realmente recargadas, debemos dar prioridad a las actividades de los cuatro cuadrantes. Esto nos da la oportunidad no solo de recargar nuestra energía física, sino también nuestra energía mental, creativa y emocional.

Por ejemplo, pasear por el bosque (una práctica conocida como baño de bosque o *shin-rin-yoku*) puede ser increíblemente relajante aunque requiera movimiento físico, ya que reduce los niveles de cortisol y proporciona una experiencia sensorial calmante. Por otro lado, navegar por las redes sociales, aunque requiere poco esfuerzo físico, puede ser mental y emocionalmente agotador, por lo que es menos reparador para el organismo. Puede que hayas notado que salir con amigas te levanta el espíritu y te ayuda a recargarte de un día de trabajo que ha requerido mucho esfuerzo mental y que una buena sesión de yoga puede ayudarte a descansar emocionalmente si has estado sometida a un alto nivel de estrés.

Más adelante explicaré con más detalle por qué es importante centrarse en cada uno de estos cuatro cuadrantes, sobre todo en el contexto de las presiones y los desafíos únicos a los que nos enfrentamos. Pero por ahora quiero abordar una pregunta que puede rondarte por la cabeza: ¿Qué tiene que ver el descanso con la productividad, y por qué es especialmente crucial que las mujeres le den prioridad?

¿Qué tiene que ver el descanso con la productividad?

En los próximos capítulos, voy a compartir más sobre cómo puedes aprovechar tus fortalezas y recursos únicos para hacer más, de una manera que te funcione a ti. Creo firmemente que todas necesitamos cosas diferentes para dominar nuestro ritmo de productividad, y la premisa de este libro es ayudarte a crear tu propio plan personalizado. Sin embargo, hay una cosa de la que todas nos podemos beneficiar más, y es el descanso. Quiero dedicar un capítulo entero al descanso y la recarga porque, a menudo, con las prisas por hacer más y más cosas, es lo primero que sacrificamos, y puede tener un impacto perjudicial en nuestra capacidad para seguir actuando.

Yo también he sacrificado el descanso en el pasado. Cuando tenía que entregar un trabajo en la universidad, me encontraba en la biblioteca tecleando en el portátil hasta bien entrada la medianoche. A medida que aumentaban mis funciones y responsabilidades en la empresa, tenía que tomar el tren al trabajo cada vez más temprano y, al final, mi despertador sonaba mucho antes del amanecer. Y cuando empecé a montar mi negocio de *coaching* en torno a mi trabajo a tiempo completo, llenaba cada momento de descanso disponible estudiando para obtener mi titulación o intentando montar mi sitio web. Sé que no soy la única: la mayoría de mis clientes de *coaching* acuden a mí agotados por intentar exprimir al máximo todos los márgenes de su vida, y dicen que sí a todos los compromisos sin darse nunca el tiempo que necesitan para descansar y recuperarse.

A veces, puede parecer que sacrificar el descanso es la única forma de mantener el ritmo. Cuando parece que tenemos demasiado que hacer en las horas que disponemos, recortar nuestro tiempo de descanso y ocio parece algo lógico, y muchas de nosotras lo hacemos: los datos recopilados en la última década muestran que las mujeres del Reino Unido y los Estados Unidos dedican cada día alrededor de un 14 % menos de tiempo a actividades de ocio que los hombres (OECD[2] 2021). Muchas de nosotras nos sentimos culpables por dedicarnos tiempo a nosotras mismas, y creemos que siempre debemos priorizar las necesidades de los demás, o las de nuestra carrera, nuestra apariencia o nuestro desarrollo personal. Pero esta abnegación constante conduce con demasiada frecuencia al agotamiento y al resentimiento y, en última instancia, a una disminución de nuestro bienestar y nuestra productividad.

Los estudios sugieren que tomarse un descanso para recargar las pilas es la clave de la productividad. Por ejemplo, una investigación de la International Foundation of Employee Benefit Plans[3] que se realizó en 2023 descubrió que el uso de las vacaciones anuales mejoraba la productividad de los empleados hasta en un 40 % y reducía el riesgo de baja por enfermedad en un 28 %.

Cuando nos tomamos el tiempo necesario para descansar y recargar las pilas, tenemos más posibilidades de rendir bien al reducir el estrés, potenciar nuestra memoria, aumentar la creatividad y mejorar nuestro funcionamiento cognitivo en general. Estudios de la Universidad de Durham (2016) también han demostrado que nuestra capacidad para descansar está vinculada a nuestro bienestar, algo que debemos tener más en cuenta como mujeres, dado que tenemos un 40 % más de probabilidades de padecer insomnio que los hombres (Mallampalli y Carter, 2014). En pocas palabras, cuando no descansamos lo suficiente, no solo nos encaminamos hacia el agotamiento, sino que también corremos el riesgo de comprometer la calidad de lo que hacemos. Y, por supuesto, no olvidemos que cuando estamos

2. La OECD, la Organisation for Economic Co-operation and Development (Organización para la Cooperación y el Desarrollo Económico), es una organización internacional que se fundó en 1961 y tiene como objetivo estimular el progreso económico y el comercio mundial. Actualmente la integran 38 países. (N. de la T.)

3. La International Foundation of Employee Benefit Plans (Fundación Internacional de Planes de Beneficios para Empleados) es una organización sin fines de lucro que se dedica a proporcionar educación, investigación e información objetivas y orientadas a la búsqueda de soluciones a otras organizaciones que forman parte de la comunidad de beneficios para empleados. (N. de la T.)

exhaustas es mucho más difícil encontrar la alegría y vivir una vida plena que se sienta en consonancia con nuestra auténtica definición del éxito.

Esto es algo que solía experimentar mucho en mi carrera anterior. Recuerdo que trabajé con mi equipo en una gran campaña de *marketing* en el sector minorista. La organización había invertido millones de libras en conseguir una importante activación en varias grandes tiendas, y yo era responsable de coordinar varios departamentos para garantizar que todo saliera como esperábamos. Trabajé en el proyecto durante meses, gestionando caminos críticos a seguir, asistiendo a reuniones semanales y asegurándome de que la comunicación entre los distintos equipos fuera clara y concisa. Gestioné el proyecto además de una carga de trabajo ya de por sí excesiva, sin comunicar nunca a mi jefe que podría necesitar apoyo adicional, y no cogí vacaciones durante los tres meses en los que planificamos la campaña. Interpreté el papel de tener que hacerlo todo y poder hacerlo todo, desesperada por no parecer débil o incapaz, pero la verdad es que era demasiado para mí además de mis otras funciones y responsabilidades. Para cuando nuestra activación llegó a las tiendas, me había enfermado con una infección de garganta que me hizo perderme el gran día del lanzamiento. Mi deseo de ser productiva me había dejado sin fuerzas y, al final, mi cuerpo se rindió.

Cuando emprendemos un viaje largo en coche, lo primero que hacemos es asegurarnos de que tenemos suficiente combustible en el depósito para llegar a nuestro destino. Tenemos que empezar a pensar en nuestra propia energía de la misma manera, y asegurarnos de que mantenemos los niveles lo suficientemente altos como para cumplir las expectativas que ponemos en nosotras mismas, y la forma de hacerlo es descansando lo suficiente. ¿Qué actividades de descanso llenan tu depósito de energía? ¿Cómo puedes asegurarte de que descansas lo suficiente?

✹ Prueba *esto* ✹

Saber cuándo es más probable que sacrifiques el descanso puede ayudarte a crear un plan para darle prioridad, incluso cuando la vida te tiene ocupada. Tómate un tiempo para pensar cuándo has sacrificado el descanso en el pasado y cuáles han sido los factores desencadenantes. ¿Hay alguna idea que pueda ayudarte en el futuro? Aquí tienes algunas para tener en cuenta:

- ¿Las necesidades de quién es más probable que priorices antes que las tuyas? Por ejemplo, las necesidades de tus hijos, de tu empresa, etc.

- ¿Cuándo sientes más ganas de demostrar tus capacidades? ¿Qué desencadena este deseo de probarte a ti misma? Por ejemplo, ¿sientes que tienes que sobrecompensar para suplir una falta de confianza en el trabajo?
- ¿Qué hábitos sacrificas primero cuando estás ocupada? ¿A qué crees que se debe esto?
- ¿Qué te han enseñado sobre el descanso las mujeres de tu vida mientras crecías?
- ¿Cómo crees que esto ha influido en cómo priorizas el descanso?
- ¿Cómo ha repercutido en tu productividad sacrificar el descanso en el pasado?
- ¿Cómo ha repercutido en la cantidad de alegría que sientes sacrificar el descanso en el pasado?

Un modelo para ayudarte a descansar y recargarte

Ahora que sabemos por qué es importante descansar, sobre todo para las mujeres que a menudo tienen que hacer malabares con múltiples funciones y responsabilidades, quiero regresar al modelo de descanso y recarga que compartí antes contigo. Como puedes ver en el modelo, hay cuatro tipos de actividades que debemos realizar para recargarnos por completo:

- **POCO ESFUERZO, BAJA ESTIMULACIÓN**: Este tipo de actividades nos ayudan a recargarnos físicamente.
- **POCO ESFUERZO, ALTA ESTIMULACIÓN**: Este tipo de actividades nos ayudan a recargarnos mentalmente.
- **MUCHO ESFUERZO, ALTA ESTIMULACIÓN**: Este tipo de actividades nos ayudan a recargarnos creativamente.
- **MUCHO ESFUERZO, BAJA ESTIMULACIÓN**: Este tipo de actividades nos ayudan a recargarnos emocionalmente.

Veamos cada cuadrante por separado.

RECARGA FÍSICA

Empezaremos por el cuadrante inferior izquierdo, que se refiere a las actividades que nos ayudan a recargarnos físicamente. Estas actividades, que incluyen dormir, echarse la siesta, recibir un masaje o tumbarse a ver un reconfortante programa de televisión, son tal vez las típicas que nos vienen a la mente cuando pensamos en el descanso, y son una parte vital para asegurarnos de que nos sentimos renovadas y recargadas. Las investigaciones han demostrado que no dormir lo suficiente dificulta de forma considerable el rendimiento en el lugar de trabajo, y un estudio muestra que el insomnio es responsable de 63.200 millones de dólares de pérdida de productividad cada año en los Estados Unidos (Kessler 2011). Además, las investigaciones también han demostrado que la pérdida de sueño puede activar la ansiedad en personas con alto riesgo de padecerla (Goldstein et al. 2013), algo que las mujeres deben tener especialmente en cuenta, dado que tienen muchas más probabilidades que los hombres de desarrollar un trastorno de ansiedad a lo largo de su vida (McLean et al. 2011).

Una cosa para tener en cuenta aquí es que es importante que mantengamos la estimulación baja para recargarnos físicamente. Puede que te resulte relajante tumbarte en la cama y mirar TikTok o Instagram, pero si lo haces mantendrás la mente estimulada, lo que dificultará que descanses como necesitas.

Ideas para recargarte físicamente:

Asegúrate de que duermes lo suficiente según la estación: los estudios demuestran que en los meses de invierno necesitamos dormir hasta dos horas más cada noche (Seidler et al. 2023). Puedes probar planificando menos actividades nocturnas durante el invierno para descansar más.

Pon límites a la comunicación. Es difícil descansar bien cuando nuestros teléfonos no paran de sonar o encenderse a nuestro lado en las mesas de luz, pero estamos tan acostumbradas a estar conectadas que puede resultar difícil desconectar del todo. Hace unos años, mi madre estableció un gran límite, y nos hizo saber que si la necesitábamos con urgencia después de las ocho de la noche, debíamos llamar a su teléfono fijo. De esa manera, sabe que la pueden contactar en caso de emergencia, pero su periodo de desconexión no se ve interrumpido por las constantes notificaciones de su *smartphone*.

Permítete una siesta. Los científicos del sueño han demostrado que si no consigues dormir lo suficiente por la noche (padres y madres, ¡estoy en esa trinchera también!), incluso una siesta corta puede ser eficaz para ayudarte a recargarte. Es probable que experimentes cierta resistencia a dormir la siesta, sobre todo si tienes muchas cosas en tu lista de tareas pendientes, pero si tienes en cuenta la cantidad de tiempo que pasas mirando tu teléfono cada día, seguro que puedes encontrar veinte minutos para recargar las pilas.

Regálate un masaje o un día de spa. Si sufres insomnio u otros trastornos del sueño, puede ser una buena forma de descansar físicamente. Si el dinero escasea, puedes pedir vales o colaboraciones como regalo de cumpleaños o quizá plantearte otras actividades de baja estimulación y poco esfuerzo que puedas disfrutar en casa, como darte un largo baño.

RECARGA MENTAL

Si avanzamos en el sentido de las agujas del reloj, nuestro siguiente cuadrante revela que podemos recargarnos mentalmente mediante actividades que requieren poco esfuerzo, pero mucha estimulación. En pocas palabras, son cosas que no requieren una gran cantidad de energía física pero que estimulan el cerebro.

Entre las actividades que entran en esta categoría están leer, escribir un diario, ponerse al día con amigas, conectar con tu propósito y meditar. Estas actividades contribuyen a que te sientas más recargada al darte tiempo y espacio para procesar tu vida diaria, tu identidad y tus objetivos. Los estudios han demostrado que procesar de esta manera es clave para reducir el estrés y evitar el agotamiento, dos factores que pueden obstaculizar nuestra productividad. Estas actividades pueden ser especialmente importantes para las mujeres, que suelen soportar una mayor carga mental y tienen dificultades para desconectar de la lista de tareas pendientes que tienen en la cabeza.

Ideas para recargarte mentalmente:

Experimenta con una aplicación para meditar, como Headspace o Calm, para probar distintas meditaciones. Si tienes problemas con este tipo de aplicaciones, ¿por qué no te apuntas a una clase de meditación con una amiga? La responsabilidad puede ser clave para pasar a la acción cuando se trata de recargar pilas.

Intenta escribir por la mañana. La idea, extraída del libro de Julia Cameron *El camino del artista* (2020), consiste en escribir tres páginas de flujo de conciencia cada mañana, y puede ser una forma estupenda de darte cuenta de lo que te ronda por la cabeza y empezar a procesarlo. Si sentarte a escribir durante diez minutos te parece inabarcable, ¿por qué no pruebas a grabar notas de voz mientras conduces hacia el trabajo, detallando cómo te sientes ese día?

Lee un libro de un género que normalmente no elegirías. Probar algo nuevo puede ser una experiencia más estimulante que leer uno de tus libros viejos favoritos, lo que significa que es más probable que te ayude a explorar diferentes perspectivas.

Organiza una cita periódica con amigas. Hace unos años, una de mis mejores amigas creó un club de lectura y nos reunimos cada seis semanas. Ha sido una poderosa fuente de reposición mental para mí. En primer lugar, es mucho menos probable que abandone si me he comprometido con otra persona y, en segundo lugar, formar parte de un club de lectura me ha permitido dedicar más tiempo a leer.

RECARGA CREATIVA

¿Te has dado cuenta alguna vez de que cuando haces un viaje te sientes con más energía, aunque estés cansada físicamente? A mí me pasa cada vez que visito Nueva York: vuelvo a casa con los pies doloridos de tanto caminar, pero llena de ideas y energía para trabajar. Eso se debe a que he realizado actividades que suponen mucho esfuerzo y una alta estimulación. Este tipo de actividades nos ayudan a recargarnos porque nos llenan el depósito de combustible creativo con nuevas ideas, perspectivas y habilidades que podemos utilizar para alcanzar nuestros objetivos.

Las actividades que entran en esta categoría son pasear por la naturaleza, asistir a una clase o un taller creativo, viajar a un lugar nuevo, visitar una exposición e ir a un concierto. La recarga creativa es importante incluso si no tienes un trabajo o unos objetivos que definirías como típicamente creativos. Todas necesitamos inspiración, y este tipo de actividades nos ayudan a encontrarla.

Ideas para recargarte creativamente:

Visita una galería de arte o un museo. Un estudio de Cotter y Pawelski (2021) descubrió que experimentar el arte de esta manera puede ayudar a mejorar nuestro bienestar y potenciar el florecimiento humano. No te preocupes si no tienes grandes conocimientos sobre arte o diseño; el simple hecho de estar en el entorno te resultará inspirador. Investiga qué exposiciones se celebran en tu zona e inténtalo. ¡Puede que te encante!

Da un «paseo de asombro». Un paseo de asombro consiste en pasear por tu barrio e intentar asimilar el entorno como si lo vieras por primera vez, parándote a observar lo que te inspira y te anima. Si tienes poco tiempo, puedes incluso convertir tu trayecto al trabajo en un viaje de asombro, y atrévete a contemplar un camino conocido con otros ojos.

Desafíate a aprender una nueva habilidad. Puedes apuntarte a un curso o simplemente buscar vídeos en YouTube que te ayuden: el beneficio está en concentrarte en una nueva tarea, no en la forma de llevarla a cabo. Puedes hacer que tus hijos o tus amigas participen para comprometerte más. Libérate de la presión de crear algo perfecto y abraza ser una principiante.

RECARGA EMOCIONAL

El último cuadrante se centra en actividades de mucho esfuerzo pero baja estimulación. Este tipo de actividades ayudan a nuestros cuerpos y mentes a procesar los efectos secundarios físicos del estrés, lo que a su vez nos ayuda a recargarnos emocionalmente y a desarrollar una mayor resiliencia.

En su libro *Burnout: Solve Your Stress Cycle*, Emily y Amelia Nagoski (2020) escriben que «la actividad física es la estrategia más eficaz para completar el ciclo de respuesta al estrés», y la razón es que cuando movemos el cuerpo, indicamos a nuestro cerebro que hemos combatido lo que nos causaba estrés y que podemos relajarnos. Dadas las crecientes presiones y el estrés al que se enfrentan las mujeres, es importante que dediquemos tiempo a procesarlo si queremos evitar el agotamiento u otras enfermedades.

Entre las actividades que entran en esta categoría están salir a correr, bailar en la cocina, tener relaciones sexuales, asistir a clases de yoga y hacer ejercicios de respiración. Se trata de estar en el cuerpo en lugar de en la mente y, de paso, aumentar la tolerancia al estrés y otras emociones.

Ideas para recargarte emocionalmente:

¡Abraza a la Taylor Swift que llevas dentro y sacúdela! Unos minutos sacudiendo los brazos y las piernas pueden bastar para empezar a autorregularte emocionalmente. A menudo me gusta hacer esto entre las llamadas de *coaching*, ya que me ayuda a reiniciarme y volver a conectar con el momento presente.

Desafíate a ir un poco más allá. Si ya haces ejercicio con regularidad, intenta entrenar unos minutos más de lo habitual. Observa cómo te sientes como resultado: cuando podemos ver el impacto que nuestros esfuerzos están teniendo en nuestra salud emocional, nos sentimos más motivadas para seguir haciéndolo.

Explora el arte de la respiración. La respiración profunda puede reducir la respuesta al estrés, sobre todo si no estás muy estresada. Hay muchos vídeos en YouTube que te ayudarán a comenzar.

Pide la ayuda que necesites. A menudo, cuando hablo con mujeres, me dicen que desean mover su cuerpo pero que les cuesta encontrar el tiempo. Si esto te resuena, te insto a que pidas ayuda a las personas de tu vida para encontrar ese momento. El estrés puede tener un efecto debilitador en nuestra salud física y mental, e incluso treinta minutos de movimiento suave a la semana pueden ayudar mucho a completar el ciclo del estrés.

Un apunte sobre los demás

Una última cosa que hay que tener en cuenta a la hora de recargar las pilas es el papel que desempeñan otras personas para ayudarte a sentirte con energía, o no. Saber si eres extrovertida o introvertida puede ser una información muy útil. Nos han hecho creer que los extrovertidos son ruidosos y los introvertidos son silenciosos, pero no siempre es así: la diferencia entre ambos es de dónde obtienen su energía. Los extrovertidos recargan su energía pasando tiempo con otras personas, mientras que los introvertidos necesitan tiempo a solas para sentirse plenamente renovados.

Para las mujeres, que a menudo nos enfrentamos a las expectativas sociales de ser cariñosas y complacientes, puede ser especialmente difícil satisfacer nuestras propias necesidades en lo que respecta a la interacción social. Podemos sentirnos culpables por decir que no a las invitaciones sociales o temer que nos consideren egoístas por priorizar nuestro tiempo a solas. Saber con cuál te identificas puede ayudarte a elegir las actividades que te aporten más energía; por ejemplo, si eres extrovertida, puede que quedar a menudo con una amiga te ayude a recargar las pilas, mientras que las introvertidas pueden preferir estar a solas con su diario. Además, algunas personas se identifican de forma diferente en distintos entornos. Por ejemplo, puede que les llene de energía trabajar en equipo en un entorno profesional, pero que prefieran estar solas los fines de semana.

Otra cosa para tener en cuenta cuando se trata de otras personas es que la forma en que te hacen sentir tendrá un gran impacto en tu energía. Es posible que te hayas dado cuenta de que pasar tiempo con algunos amigos te llena de energía y de ganas de seguir adelante, mientras que salir con otros te deja agotada y abatida. Piensa quién en tu vida es un radiador (alguien que inspira sentimientos de positividad y alegría) y quién es un sumidero (alguien con quien te sientes cansado y agotado después de pasar tiempo con él o ella).

Como muchas de nosotras, estoy demasiado acostumbrada a sentirme obligada a mantener relaciones que no me sirven, por sentido del deber o por miedo al conflicto. Sin embargo, es fundamental que nos demos permiso para poner límites y dar prioridad a las relaciones que realmente nos nutren y nos apoyan. (Hablaremos más sobre los límites y cómo establecerlos en el Capítulo 8). Aun así, si no puedes o no quieres evitar a las personas que te agotan, piensa en el tipo de actividades de recarga que podrías necesitar después de pasar tiempo con ellas.

Date el descanso que necesitas

En resumen, para dotarnos de los mejores cimientos sobre los que alcanzar nuestra propia visión del éxito, debemos centrarnos no solo en el descanso físico, sino en todos los tipos de actividades que se han explorado en este capítulo. Y creo firmemente que no podemos limitarnos a esperar a que lleguen estas oportunidades para recargarnos, sino que tenemos que ser proactivas a la hora de planificarlas y organizarlas.

Antes de empezar a planificar, veamos cómo puede afectar tu arquetipo de productividad a tu relación con el descanso y la recarga. Lo que valoramos y lo que nos motiva influye en lo que priorizamos en todos los ámbitos de la vida, y lo mismo ocurre con el descanso. Esto es algo que veo con frecuencia en mis clientes. De hecho, nunca he trabajado con nadie que se sienta totalmente recargado en los cuatro cuadrantes. Aquí tienes algunas cosas que debes tener en cuenta en función de tu arquetipo de productividad.

LA HACEDORA

Según mi experiencia, las mujeres que se identifican como hacedoras suelen llenar sus calendarios con actividades que se sitúan en los cuadrantes de alta estimulación, pero les resulta más difícil priorizar las actividades que las ayudarán a sentirse recargadas físicamente. Las hacedoras pueden evitar estas actividades porque les parecen menos productivas o importantes que las demás, como me ocurría a mí, pero es fundamental reconocer que cuando no damos prioridad a la recarga física, corremos el riesgo de obstaculizar nuestro rendimiento y ser menos productivas.

Si te identificas como una hacedora, evalúa tu agenda de la semana que viene y piensa qué tienes que cambiar para asegurarte de que puedas dormir lo suficiente. Si eso te ayuda, incluye el objetivo «dormir lo suficiente» en tu lista de tareas. Recuerda que cuidarse no es un lujo, sino una necesidad.

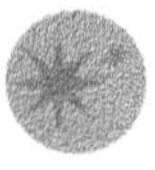

LA PERFECCIONISTA

He descubierto que las mujeres que se identifican como perfeccionistas suelen tener más dificultades con las actividades que entran en el cuadrante de la recarga creativa, y eso se debe a que no suele existir un plan para realizar este tipo de actividades a la perfección. Mientras que podemos incorporar actividades como escribir un diario, dormir o hacer ejercicio a una rutina que aspiramos a completar a diario, tareas como pasear por la naturaleza o experimentar el arte pueden parecer más nebulosas. O tal vez dudemos en intentar aprender una nueva habilidad o asistir a una clase creativa porque sospechamos que nuestro resultado no alcanzará el nivel que nos exigimos a nosotras mismas.

Si esto te resuena, tengo una tarea para ti: visita algún lugar de la ciudad en la que vives y desafíate a verlo como si nunca antes lo hubieras hecho. Visitar un lugar que te sea familiar debería resultarte menos abrumador, pero concentrarte en verlo a través de los ojos de una turista podría ayudarte a recargarte creativamente.

LA SOÑADORA

Las mujeres que se identifican como soñadoras tienden a sentirse atraídas por las actividades de los cuadrantes de alta estimulación, y se inspiran cuando salen de casa o garabatean un sinfín de ideas durante una sesión de escritura de diario. Pero no siempre son tan proactivas a la hora de dedicar tiempo a las actividades que las ayudan a recargarse mental y emocionalmente, y esto puede repercutir de forma negativa en sus niveles de productividad, sobre todo porque el estrés o el cansancio pueden hacer mella en sus niveles de confianza y autoestima.

El consejo que siempre doy a las soñadoras cuando se trata de recargar las pilas es que se centren en lo básico. Dormir lo suficiente o hacer algo de ejercicio no siempre parecen algo emocionante, sobre todo cuando tu mente bulle de ideas, pero te ayudará a crear los recursos que te facilitarán pasar a la acción. Intenta liberarte de la culpa que supone priorizar estas necesidades básicas. Una buena forma de hacerlo puede ser esforzarse por tratarse como una niña pequeña, y recordar que el aire fresco, el sueño y una buena alimentación son elementos esenciales para un bienestar positivo.

LA PROCRASTINADORA

En mi experiencia de apoyo a las mujeres que se identifican como procrastinadoras, a menudo les cuesta priorizar las actividades que entran más en el cuadrante de recarga mental. Empiezan con las mejores intenciones: se compran un diario nuevo, se descargan una aplicación de meditación o toman prestado un libro recomendado de la biblioteca, pero cuando llega el momento de sentarse a escribir, meditar o leer, se distraen con otras tareas, como colgar la ropa o navegar por las redes sociales.

Si esto te suena y quieres empezar a dedicarte a estas actividades —y cosechar los beneficios que te aportarán—, mi consejo es que empieces de a poco y vayas apilando. Empezar de a poco se explica solo: en lugar de desafiarte a ti misma a leer un capítulo entero o a llenar tres páginas de tu diario, céntrate simplemente en hacer esa actividad durante cinco minutos y ve aumentando a partir de ahí. «Apilar» se refiere a añadir el hábito a algo que ya haces todos los días. Por ejemplo, yo empiezo cada día tomando una taza de té y dejo mi diario en la cocina para poder garabatear algunos pensamientos mientras hierve la tetera, de forma que lo añado al hábito de tomar el té. Cuanto más fácil te resulte realizar una actividad, más probabilidades tendrás de pasar a la acción.

Darnos la oportunidad de sentirnos plenamente descansadas y recargadas requiere que volvamos a conectar con nuestras necesidades y pensemos en lo que hace falta para satisfacerlas. Todas tendremos algunas áreas hacia las que gravitamos de forma más natural que otras, pero es importante dar un paso atrás y comprobar todo en lugar de dejarnos llevar por nuestras preferencias habituales. De lo contrario, tanto si somos muy productivas como si apenas terminamos nuestras tareas, nos daremos cuenta de que hemos descuidado la alegría.

HAZLO A TU MANERA

A continuación, encontrarás un ejemplo en blanco del modelo de descanso y recarga. Tómate tu tiempo para anotar las actividades que disfrutarías haciendo en cada cuadrante.

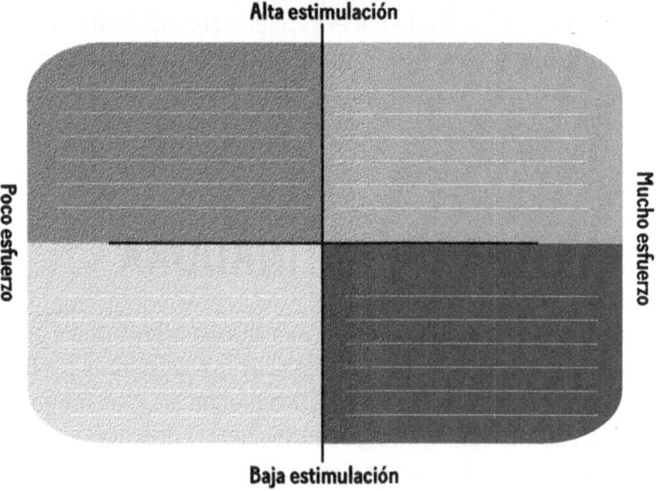

Luego, comprueba cómo te sientes mental, física, creativa y emocionalmente. Utiliza esta información para crear tu propio plan personalizado de descanso y recarga. Consejo profesional: ¡no olvides tener en cuenta cómo influirán los demás en tu plan!

Priorizar el descanso en un mundo que valora el trabajo duro

Antes de terminar este capítulo, quiero reconocer que no siempre es fácil dar prioridad al descanso y a las actividades que nos recargan de energía en un mundo que valora el trabajo duro, en especial en el caso de las mujeres.

Hace unos meses, organicé un taller para algunas clientas sobre cómo establecer y comunicar límites. Hablamos de por qué son importantes los límites y exploramos aquellos que mis clientes consideraban necesarios para prosperar. Una clienta se dio cuenta de que quería tener al menos un fin de semana al mes libre de planes, algo que creía que le daría un tiempo muy necesario para descansar y recuperarse durante lo que para ella había sido una intensa temporada de su vida. Sabía cuál era el límite que quería establecer y por qué sería beneficioso para ella, pero aun así le costaba ponerlo en práctica. «¿Qué debo decir», me preguntó, «cuando la gente me pregunta por qué no puedo quedar? ¿Cómo puedo rechazar sus invitaciones si en realidad no tengo nada más en el calendario?».

Su dilema resume a la perfección el problema al que nos enfrentamos las mujeres cuando se trata de dar prioridad al descanso: creemos que solo podemos hacerlo si tenemos una excusa válida. Yo misma me di cuenta de esto cuando estaba embarazada de mi hija: me resultaba mucho más fácil decir que no y comunicar mi necesidad de descanso porque sabía que los demás lo entenderían. Pero aquí está la cosa: no necesitamos la bendición de nadie más para empezar a darnos el descanso que anhelamos. No necesitamos justificar nuestra necesidad de relajarnos ni fingir ante los demás que podemos arreglárnoslas sin descansar. El descanso no es opcional: es una parte esencial de nuestra salud mental y física y un requisito clave para que podamos rendir al máximo.

Sin embargo, sé que aunque estés totalmente de acuerdo conmigo, puede que te cueste poner en práctica este valor. Si te sientes así, quiero compartir un consejo que me cambió la vida. En su brillante libro *Indomable*, Glennon Doyle (2020) escribe: «No existe la liberación en un solo sentido». Y eso es lo que me gusta recordar cuando se trata de tomar decisiones que a lo mejor nos dan miedo o nos parecen nuevas, decisiones que van en contra de las que nos han modelado otros: cuando tomamos una decisión valiente, allanamos el camino para que otros hagan lo mismo. En el caso del descanso, cuando damos prioridad a satisfacer nuestras propias necesidades de descansar, mostramos a los demás que es seguro que lo hagan. No por ello resulta menos incómodo ir en contra de la corriente, pero puede ser un recordatorio importante de por qué lo hacemos.

Si queremos vivir en un mundo que priorice el descanso por encima del trabajo duro, tenemos que desempeñar nuestro papel en la construcción de ese mundo. Podemos hacerlo si nos damos permiso para elegir el descanso, aunque nos resulte incómodo. Descansar es un acto radical, sobre todo para una mujer. Decidir validar nuestras propias necesidades y considerarnos merecedoras de alegría, satisfacción y cuidado, por mucho que nos los hayamos ganado, es un acto de resistencia. Imaginemos cómo cambiaría el mundo si el 52 % de la población dejara de ponerse a sí misma al final de la lista de cosas por hacer y, en su lugar, se dedicara a sí misma toda la atención y el cuidado que dedica a los demás. Imagina cómo cambiarían a mejor las estructuras y las sociedades en las que vivimos si todas nos sintiéramos recargadas mental, física, creativa y emocionalmente.

Ese es el mundo en el que quiero vivir, y me comprometo a contribuir a su construcción dando prioridad a mi propia necesidad de descanso. ¿Te unes a mí?

Déjalo ir

A veces, encontrar el espacio y el tiempo para descansar significa decir que no. ¿Qué necesitas dejar ir para tener más tiempo para descansar? Aquí tienes algunas ideas para empezar a pensar:

¿A qué actividades dedicas actualmente tu tiempo que a primera vista pueden parecer relajantes, pero que en realidad no reponen tu energía de ninguna manera? Por ejemplo, desplazarte por las redes sociales o escuchar un pódcast de *true crime* podría aumentar tus niveles de estrés en lugar de reducirlos.

¿Qué haces simplemente porque encaja con tu idea de lo que haría una supermujer? Por ejemplo, comprometerte a cocinar todas tus comidas desde cero cuando tu familia estaría más que feliz de pedir comida para llevar una vez a la semana.

¿Qué límites necesitas establecer con los demás para crear más tiempo para el descanso de calidad? Recuerda que esto puede ser tan sencillo como avisar a tus amigas que estarás desconectada a una hora determinada o pedir a tu pareja que te ayude con lo que necesites durante treinta minutos mientras tú sales a correr.

RECAPITULEMOS

- Puede ser tentador sacrificar el descanso a favor de hacer más cosas, pero los estudios han demostrado que el descanso es clave para la productividad, en especial para las mujeres, que a menudo hacen malabares con múltiples funciones y responsabilidades.
- Necesitamos algo más que descanso físico para sentirnos plenamente recargadas. También necesitamos recargarnos mental, creativa y emocionalmente.
- Tal vez nos resulte más fácil priorizar algunos cuadrantes del modelo de descanso y recarga que otros en función de nuestro arquetipo de productividad.
- Suele ser difícil priorizar el descanso y la recarga en un mundo que valora el trabajo duro, pero es esencial si queremos hacer un cambio.

2

2

CAPÍTULO 5:

APROVECHA TUS CICLOS DE ENERGÍA ÚNICOS

Desde que tengo memoria, he tenido que trabajar mucho mi creatividad. Me encanta hacer cosas —desarrollar talleres, crear contenido útil, escribir—, pero siempre siento que requiere mucho esfuerzo y disciplina por mi parte. Desarrollar la idea de mi primer libro, *Joy: Elígete*, me llevó meses de ir de aquí para allá y muchas rondas de revisiones con mis pacientes editores para llegar a un esquema con el que estuviéramos contentos.

Entonces, la forma en que surgió la idea para este libro fue sorprendente e inusual. Estaba dando un paseo a la hora de comer, y me dirigía a una cafetería local para comprarme un sándwich antes de una tarde de llamadas de *coaching*, cuando se me ocurrió la idea, completamente formada. Fue una sensación extraña que creo que nunca había tenido antes. El concepto surgió con tanta urgencia y de forma tan completa que me encontré escribiendo notas furiosamente en mi teléfono mientras esperaba en la cola de la cafetería, con miedo de que se fuera tan rápido como había aparecido.

La experiencia fue extraña por muchas razones. En primer lugar, no había pensado de manera consciente en un segundo libro; el primero aún no se había publicado y estaba trabajando en otros proyectos más apremiantes. Otra cosa que la hacía inusual era que estaba embarazada de veintidós semanas, y había pasado los cuatro meses anteriores sintiéndome agotada e intentando por todos los medios no vomitar. Mi productividad y mi creatividad estaban en su nivel más bajo, e incluso responder a los correos electrónicos más sencillos me parecía una tarea ardua. Pero a mediados del segundo trimestre me di cuenta de que algo había cambiado. Estaba disfrutando de una sensación de energía y fluidez que no había experimentado desde que era una niña.

Hablando con amigas, me di cuenta de que mi experiencia no era única. Una amiga me contó que durante esa etapa de su embarazo había sido más productiva que nunca, y que había abordado tareas de su lista de pendientes que llevaba años sin tocar. Otra me contó que había discutido con su marido casi a diario durante el segundo trimestre porque él no paraba de decirle que bajara el ritmo y descansara, cuando ella se sentía mejor que nunca. Comprendí a lo que se refería. Más que querer tomarme las cosas con calma, me sentía cargada de energía y lista para seguir, seguir, seguir.

Por supuesto, no todas las mujeres se sienten así: mi hermana, que estaba embarazada al mismo tiempo que yo, sufría continuas náuseas y mi energía desbordante le resultaba francamente molesta. Mi doctor me explicó que el hecho de que la placenta empiece a funcionar -lo que alivia el esfuerzo de energía de la persona embarazada-, combinado con un reequilibrio de las hormonas, conduce a menudo a un hechizo de energía y vitalidad durante este período. Yo lo he experimentado. La propuesta para este libro no fue lo único que conseguí hacer durante esas semanas llenas de energía. También realicé tareas administrativas, redecoré dos habitaciones de nuestra casa, grabé el audiolibro de mi primer libro y me mantuve al día con mi carga de trabajo habitual.

La razón por la que comparto esta anécdota no es para presumir ni para que me alaben por lo productiva que fui durante el embarazo. De hecho, creo que celebrar la productividad de las mujeres embarazadas en lugar de darles espacio para gestionar esa transición física y emocional tan enorme no es más que otra forma en que la cultura del trabajo duro nos ensucia. Decidí escribir sobre mi experiencia del segundo trimestre porque cambió mi forma de pensar sobre la energía.

La gestión de la energía es algo que me interesa e investigo desde hace mucho tiempo. Hasta que tuve esa explosión de productividad durante el embarazo, siempre había pensado en la gestión de la energía como una especie de ecuación matemática, una especie de fórmula en la que se pueden modificar algunas variables y cambiar el resultado. La había enfocado del mismo modo que la gestión del tiempo: intentando controlar cada parte del proceso para liberar la mayor cantidad de energía posible. Priorizaba el sueño con la esperanza de despertarme más descansada. Gastaba un poco de energía haciendo ejercicio, y confiaba en que recuperaría lo invertido. Intentaba seguir una dieta más equilibrada para ver si me ayudaba a evitar el bajón de media tarde.

Y, por supuesto, aspectos como la nutrición, el sueño y el movimiento desempeñan un papel en la gestión de nuestra energía, del mismo modo que la planificación y el bloqueo de calendario pueden ayudarnos a gestionar mejor nuestro tiempo. Pero lo que mi experiencia durante el embarazo me enseñó es que ver la gestión de la energía como una simple ecuación no nos permite ver el panorama completo. Tenía curiosidad: ¿hay otros factores que influyen en nuestra energía, cosas a las que no estamos prestando suficiente atención, como las hormonas, las estaciones, los patrones del trabajo o nuestros ritmos energéticos naturales? Como ya hemos visto, no somos robots ni máquinas que puedan controlarse o manejarse con precisión; somos seres humanos que existimos en diferentes cuerpos, entornos y contextos.

Esto me hizo pensar: ¿y si la clave para hacer más cosas de un modo que me haga sentir bien no está en la disciplina o en algún nuevo truco de productividad, sino en aceptar que mi cuerpo y mi entorno son factores importantes que hay que tener en cuenta? ¿Y si el camino hacia una productividad más alegre pasa por identificar mis propios ciclos energéticos y hacer que trabajen a mi favor en lugar de en mi contra?

El impacto de las hormonas

Dado que mi pensamiento sobre este tema de la gestión de la energía evolucionó a partir de un conjunto de hormonas que trabajaban juntas para proporcionarme un aumento significativo de energía, explorar el impacto de las hormonas en nuestros niveles de productividad es el lugar perfecto para empezar. Desde que tengo uso de razón, solo había pensado en las hormonas en un contexto negativo. Les echaban la culpa cada vez que me sentía enfadada o melancólica antes de que empezara mi ciclo menstrual, e incluso una vez un jefe me preguntó si «me sentía hormonal» cuando compartí asertivamente una frustración en una reunión, una experiencia que todavía hoy me hace hervir la sangre. Crecí con la creencia de que mis hormonas eran una debilidad o un obstáculo que superar, una creencia muy inculcada en mí por la cultura popular y la sociedad, por lo que nunca me había planteado cómo podrían afectar a mi energía o mi productividad, o cómo podría aprovecharlas para que me ayudaran. Pero aprender más sobre los ciclos hormonales fue transformador para mí.

Antes de sumergirme en cómo nuestras hormonas pueden afectar nuestra energía, recapitulemos la diferencia entre los típicos ciclos hormonales masculinos y femeninos. Por supuesto, esto es solo una instantánea, y sería imposible tener en cuenta todos los matices, las complejidades y las peculiaridades que pueden venir con este tema —por no hablar de hacer justicia a la gran variedad de experiencias vividas— en el espacio que tenemos disponible, pero todavía creo que vale la pena explorar aquí. También quiero reconocer que los términos masculino y femenino en este contexto se refieren al sexo asignado al nacer, pero, por supuesto, el sexo y el género existen en un espectro. Aunque estudiaremos cómo determinadas hormonas afectan a nuestra energía, las experiencias individuales pueden variar. Si por estas u otras razones esta sección no te parece útil, no dudes en saltártela.

Empecemos por el típico ciclo hormonal masculino. La principal hormona que afecta al cuerpo masculino es la testosterona, y un ciclo entero se completa cada veinticuatro horas, y los niveles de testosterona son más altos por la mañana y disminuyen de forma constante a lo largo del día antes de reponerse de nuevo durante la noche. Esto significa que las personas con un ciclo hormonal masculino normalmente se sentirán con más energía por la mañana y se cansarán gradualmente a lo largo del día a medida que los niveles de testosterona empiecen a disminuir. Y como el ciclo se repite cada veinticuatro horas, es probable que tengan una cantidad similar de energía todos los días (Lichterman s/f.).

En cambio, las personas que tienen un ciclo menstrual experimentan un ciclo hormonal más complicado. En lugar de repetirse cada veinticuatro horas, el ciclo hormonal menstrual tarda unos veintiocho días en completarse. Esos veintiocho días pueden dividirse en cuatro fases: la menstruación, la fase folicular, la ovulación y la fase lútea. Al igual que en el ciclo masculino, en el ciclo femenino interviene todo un cóctel de hormonas, en el que los principales protagonistas son los estrógenos, la progesterona y la testosterona.

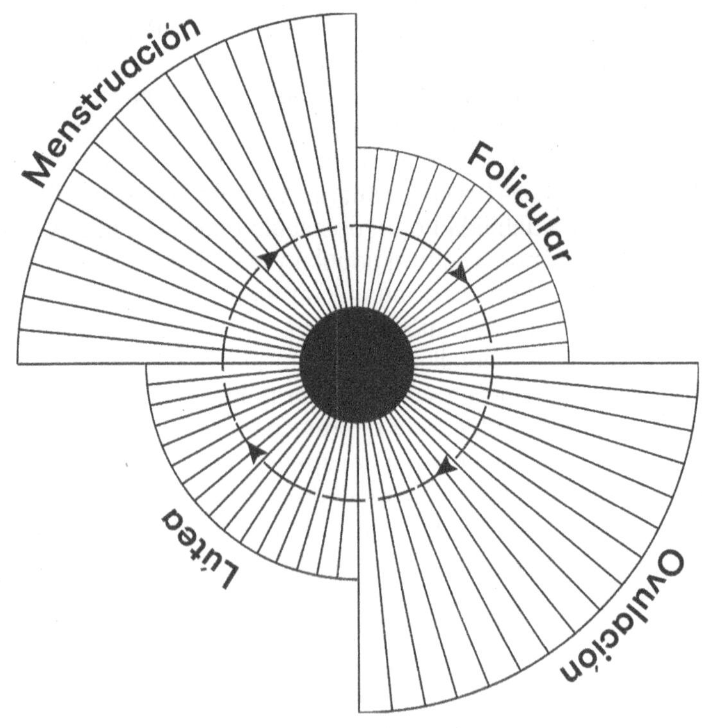

En la primera fase del ciclo, la menstruación, las hormonas están en su punto más bajo, lo que significa que es probable que los niveles de energía sean bajos. Si tienes un ciclo menstrual, este es el momento del mes en el que puedes sentirte menos sociable y más ansiosa. Sin embargo, no todo es malo: esta fase del ciclo puede ser un buen momento para reflexionar y evaluar tus prioridades.

En la segunda fase, la folicular, los estrógenos —llamados con cariño «la hormona de Beyoncé» en *Poder menstrual*, de Maisie Hill (2019)— empiezan a subir y, con ellos, tu energía, tu entusiasmo por la vida y tu confianza en ti misma. Es probable que este sea un momento positivo y optimista del ciclo, en el que te resulte fácil hacer planes, explorar nuevas aficiones o empezar a construir un nuevo hábito.

La tercera fase, la ovulación, es cuando el estrógeno y la testosterona están en su punto más alto. Es probable que este sea tu momento de más energía, y tu productividad, tu capacidad para encontrar la alegría y tus habilidades comunicativas estarán en su mejor momento. Es un buen momento para presentaciones, fiestas y grandes proyectos, ya que tus hormonas trabajarán juntas para hacerte sentir invencible.

Después de la ovulación, el estrógeno desciende con brusquedad y comienza la fase lútea. Este descenso de los estrógenos puede provocar un bajón de energía que interrumpa esas vibraciones productivas de las que podrías haber estado disfrutando durante la ovulación. En la fase lútea aumenta la progesterona, lo que hace que te sientas más tranquila, más sensible, desorientada y más centrada en tu interior. Puede ser una fase desafiante, pero también puede ser un momento en el que te sientas más conectada contigo misma, lo que la convierte en un momento ideal para ponerte en contacto con tu intuición (Lichterman s/f.).

Otra forma de concebir el ciclo menstrual es compararlo con las estaciones de la naturaleza. La menstruación puede considerarse como el invierno de nuestro ciclo, una época en la que tenemos poca energía y queremos estar cómodas en casa. La fase folicular es como la primavera, cuando empezamos a recuperar la energía y el optimismo. La ovulación es como el verano, cuando todo va bien y estamos más animadas. Por último, puedes considerar la fase lútea como el otoño, un momento en el que puede que empieces a retraerte y a volverte más introspectiva.

Cuando me enteré de las diferencias entre el ciclo hormonal masculino y el femenino, lo primero que pensé fue lo siguiente: es un mundo de hombres. Todo en el funcionamiento de las sociedades occidentales está diseñado con el ciclo hormonal masculino en mente, y no me cabe duda de que es una de las razones principales por las que nos presionamos a nosotras mismas para rendir al mismo nivel todos los días. Si las personas que diseñan el sistema experimentan un ciclo hormonal que se repite cada veinticuatro horas —levantarse cada día con una cantidad similar de energía—, entonces tiene sentido que esperemos que nosotras mismas produzcamos, trabajemos y creemos con constancia. Pero ¿qué ocurre si tu ciclo energético no coincide con el ciclo en torno al cual hemos construido nuestros sistemas y nuestras normas?

En mi experiencia, se convierte en un desencadenante de nuestro viejo amigo el ciclo de la vergüenza y la culpa. Durante años, me he machacado a mí misma por experimentar un bajón de energía, y me decía que el problema debe ser que soy perezosa, indisciplinada, o que estoy desmotivada. Cuando me ha bajado la autoestima, en lugar de entender que a menudo se debe a una disminución de los estrógenos, lo he interiorizado como una señal de que no soy lo bastante buena. Me he preocupado por no tener la dedicación o el compromiso necesarios para alcanzar mis objetivos, y me he culpado por no ser siempre capaz de funcionar al mismo ritmo que mis compañeros masculinos. Me he revolcado en la culpa y la vergüenza que eso conlleva, cuando todo el tiempo, simplemente estaba experimentando los efectos secundarios naturales de mi biología.

¿Has hecho lo mismo alguna vez? Aprender sobre el impacto que tienen nuestras hormonas en nuestros niveles de energía fue transformador para mí por varias razones. En primer lugar, empecé a conocerme mucho mejor. Hacer un seguimiento de cómo me sentía en las distintas fases de mi ciclo me ayudó a detectar patrones y a comprender mejor por qué experimentaba altibajos energéticos y emocionales a lo largo del mes. Por ejemplo, sé que del quinto al undécimo día de mi ciclo, cuando los estrógenos empiezan a aumentar, me siento como una supermujer, y completo las tareas de mi lista con facilidad, mientras que en la última semana, cuando mis niveles de progesterona aumentan, me siento especialmente sensible a las críticas. Comprender esto me ha ayudado a desbloquear un nivel de autocompasión que antes era incapaz de encontrar. Ahora, cuando me cuesta ponerme en marcha por las mañanas o me doy cuenta de que las tareas sencillas requieren más esfuerzo, puedo reconocer que no se trata de ningún fallo moral por mi parte, sino de que mi cuerpo realiza una función que forma parte de nuestra biología desde hace miles de años. También me ayuda a tomar medidas que me protejan, como reducir mi consumo de redes sociales cuando me siento más sensible y vulnerable a las comparaciones. Además, ahora veo que mi ciclo hormonal tiene sus propios superpoderes. Claro, no tengo la misma energía todos los días como algunos de mis homólogos masculinos, pero lo que sí tengo es un ritmo que puedo aprovechar, abrazando las vibras de dominación del mundo que vienen durante la fase folicular para ayudarme a hacer las cosas. También me siento capacitada para apoyarme en las partes más intuitivas y reflexivas de mi ciclo, que me ayudan a pensar en profundidad y a crear.

Una clienta mía tuvo una experiencia similar. Hattie se identificaba mucho como una hacedora: había escalado posiciones con rapidez y, a los treinta años, dirigía un gran equipo en una consultora internacional. Para el mundo exterior, Hattie parecía la personificación del éxito, pero ella no se sentía así. A pesar de sus logros, estaba plagada de dudas sobre sí misma y experimentaba periodos regulares de bajo estado de ánimo. La forma en que Hattie afrontaba esta situación era trabajando más y más, y le costaba permitirse descansar, incluso programaba sus fines de semana con meses de antelación. Aprender más sobre cómo su ciclo menstrual y las hormonas podían estar afectándola fue una experiencia emocional para Hattie. Pudo entender mejor por qué algunas semanas sentía que podía gobernar el mundo y por qué en otras le costaban incluso las tareas más básicas. Lloró en nuestra sesión de *coaching*, afligida por todas las veces que se había castigado a sí misma por no ser capaz de mantener sus niveles de productividad. Sus palabras fueron: «¡¿Por qué no nos enseñan esto en la escuela?!». Pero aprender todo esto también le dio optimismo, ya que era el permiso que necesitaba para programar más descanso físico cuando más lo necesitaba. Ahora puede confiar en que esta necesidad de descanso no es pereza y que no la va a detener. Hattie también descubrió que saber más sobre cómo su ciclo hormonal afectaba sus niveles de energía le brindaba la oportunidad de planificar su carga de trabajo en función de él, y programó el trabajo reflexivo para la fase menstrual y el de mayor octanaje para su fase folicular o de ovulación. Y durante esos momentos en los que no podía influir en su carga de trabajo y en los que su horario le obligaba a realizar tareas que no coincidían con la fase de su ciclo como le hubiera gustado, fue capaz de ser más compasiva y amable consigo misma. Pero tal vez lo más importante para Hattie fue que, al entender por qué se sentía como se sentía, pudo dejar de verse a sí misma como un problema que había que resolver, y así redujo la cantidad de energía que gastaba cada mes tratando de forzarse a seguir nuevas rutinas para hacer frente a su bajo estado de ánimo o a su lentitud.

Y creo que ese es el punto importante aquí. Nuestras hormonas tienen un gran impacto en nuestra energía, y para algunas mujeres ese impacto es mayor que para otras. Por ejemplo, según la Edge Foundation (s/f), las mujeres con TDAH son más sensibles a la disminución de estrógenos y, como consecuencia, pueden correr un mayor riesgo de sufrir ansiedad, depresión, falta de memoria y otros síntomas durante ciertas fases de su ciclo (o durante la menopausia). Otras afecciones como el TDPM (trastorno disfórico premenstrual) o la endometriosis, que afecta al 10% de las mujeres de todo el mundo, pueden agravar los efectos negativos de experimentar un ciclo menstrual (Endometriosis UK, s/f). Tengo una amiga que sufre tantos dolores debido a la endometriosis que le cuesta levantarse de la cama cuando los síntomas están en su peor momento. También he visto cómo algunas amigas se quedaban pasmadas con los tratamientos de fertilidad y la cantidad de inyecciones hormonales que conllevan.

El impacto que nuestras hormonas pueden tener en nuestra energía es inmenso y, sin embargo, todavía nos queda mucho camino por recorrer para reconocerlo como sociedad, sobre todo si tenemos en cuenta que la menstruación, la menopausia y la fertilidad siguen siendo temas tabú. Por eso no siempre es posible hacer grandes cambios para adaptarnos a los flujos y reflujos de nuestra energía. Y aunque creo firmemente que necesitamos políticas laborales que apoyen mejor a las mujeres que afrontan estos desafíos, todavía no hemos llegado a ese punto. Y, por supuesto, será aún más difícil respetar nuestros ritmos energéticos naturales si nos enfrentamos a barreras sistémicas, discriminación o falta de recursos y apoyo, como les ocurre a muchas mujeres. Pero cuando reconocemos y admitimos que no es solo nuestra fuerza de voluntad o determinación lo que influye en nuestra capacidad para hacer frente a la lista de tareas pendientes, podemos dejar de culparnos a nosotras mismas y, al hacerlo, liberar mucha más energía y concentración para dedicarla a las cosas que son importantes para nosotras. Y cuando nos enfrentamos al hecho de que no todos somos de la misma manera, podemos empezar a abogar por una mayor equidad e inclusión en el lugar de trabajo y en la sociedad en su conjunto.

Si estamos redefiniendo nuestro éxito en nuestros propios términos, a lo mejor ha llegado el momento de dejar de responder a las expectativas a menudo poco realistas de la sociedad y, en su lugar, dar más valor a nuestro bienestar que a nuestro rendimiento.

✹ Prueba *esto* ✹

Haz un seguimiento de tu energía durante un mes. Si tienes un ciclo menstrual, empieza el primer día de tu periodo. Si no lo tienes, puedes seguir tu energía según el calendario lunar o simplemente empezar el primer día del mes. Durante un mes, escribe una línea cada día para describir cómo te sientes y cómo son tu estado de ánimo y tus niveles de energía. Puedes repetir esta operación durante un par de meses para hacerte una idea clara de las pautas que sigues. A continuación, utiliza las siguientes preguntas para reflexionar:

- ¿Qué has notado sobre cómo cambia tu energía a lo largo del mes? ¿Hay algún momento del mes en el que te sientas con más energía? ¿Qué te resulta más fácil en esta fase?
- ¿Hay algún momento del mes en el que te sientes más cansada? ¿Qué te resulta difícil en esta fase?
- ¿Hay algún ajuste que podrías hacer en tu agenda para respetar los patrones que has detectado? Por ejemplo, programar eventos

sociales con amigas durante las partes más energéticas de tu ciclo o hacer que tu rutina de ejercicios sea más suave durante los momentos del mes en los que puedes sentirte más cansada.

- ¿Qué pasaría con tus niveles de productividad si te dejaras llevar por tus fluctuaciones energéticas en lugar de intentar resistirte a ellas? ¿Qué podría ser posible para ti?
- ¿Cómo podría cambiar tu experiencia practicar una mayor autocompasión cuando tu energía fluye y refluye?

¿Búho o alondra?

Otra cosa que noté cuando empecé a sentir curiosidad por la gestión de la energía fue el discurso sobre los madrugadores frente a los noctámbulos. Desde que tengo uso de razón, cada entrevista a una persona «exitosa» que leo incluye una reflexión sobre cómo madrugar es su clave para tenerlo todo hecho y, durante mucho tiempo, creí que ese sería también mi camino hacia la productividad. Había interiorizado la creencia de que para hacer todo lo que tenía que hacer tenía que levantarme a las cinco de la mañana e intenté hacerlo durante años. Leí un libro titulado *El club de las 5 de la mañana*, puse el despertador más temprano e incluso me compré una de esas lámparas que se supone que te ayudan a despertarte de forma natural haciendo que la luz de tu habitación imite la salida del sol. Sin embargo, nunca conseguí madrugar más de un par de días seguidos. Esos días estaba tan agotada y a la vez excitada por la cafeína que necesitaba para pasar el día que me costaba hacer algo de valor después de las dos de la tarde.

También me he dado cuenta de que, aunque los medios de comunicación celebran a los madrugadores, muchas de las personas exitosas en mi vida no se ajustan al patrón de las personas madrugadoras. Por ejemplo, una de mis brillantes clientas tiene tanta energía entre las diez de la mañana y la una de la tarde que puede trabajar solo tres horas al día si programa sus tareas durante ese tiempo. Y mi amiga, que trabaja como directora de *marketing*, nota que su creatividad no se pone realmente en marcha hasta las ocho de la noche, cuando todo el mundo en su casa se está relajando. Entonces, me pregunto, ¿madrugar es realmente el secreto para ser más productiva o se trata de algo más complejo?

Mi investigación me llevó a descubrir algo llamado los cronotipos del sueño. Los cronotipos del sueño son una forma de clasificar nuestra disposición natural a sentirnos con sueño o con más energía en distintos momentos del día. Y en lugar de ser una preferencia o algo en lo que influye la rutina, el cronotipo del sueño es genético: cuándo te sientes con más energía depende de la longitud del gen PER3 (Archer et al. 2003). Se teoriza que evolucionamos para tener diferentes cronotipos en la población porque era esencial para la supervivencia durante nuestra era de cazadores y recolectores: dormir a diferentes horas significaba que siempre habría alguien atento al peligro (Samson et al. 2017).

Ya había oído hablar de los búhos y las alondras, pero resulta que hay cuatro cronotipos de sueño: el oso, el león, el lobo y el delfín.

- ✿**EL OSO** es el cronotipo más común, y las personas que pertenecen a esta categoría se levantan cuando sale el sol y se duermen cuando se pone. Suelen ser productivos durante todo el día, pero pueden experimentar un bajón a media tarde.
- ✿**EL LEÓN** es lo que normalmente llamaríamos un madrugador. Se despiertan con energía y listos para empezar el día y hacen su mejor trabajo por las mañanas.
- ✿**EL LOBO** es similar al búho y prefieren la tarde-noche, ya que es cuando realmente se pone en marcha. Suelen costarles las mañanas y les puede resultar difícil adaptarse a los horarios típicos de la sociedad.
- ✿**EL DELFÍN** es el cronotipo más raro y representa alrededor del 10% de las personas (Calm 2024). Los delfines tienden a luchar contra el insomnio, se encuentran cansados durante el día y excitados por la noche. Su punto óptimo de productividad suele ser a última hora de la tarde y a primera hora de la noche.

Curiosamente, nuestro cronotipo tiende a cambiar a lo largo de nuestra vida. Los niños suelen tener cronotipos tempranos (por ejemplo, el león), pero esto cambia hacia un cronotipo más tardío durante nuestra adolescencia (sí, tu hijo o hija adolescente tiene una razón biológica legítima para acostarse tarde), antes de volver a cambiar en la edad adulta.

Al igual que aprender sobre el impacto de nuestras hormonas en nuestros ciclos energéticos, aprender sobre los cronotipos del sueño supuso un gran momento de iluminación para mí. Y una vez más, adquirir este conocimiento me resultó a partes iguales empoderante y frustrante. Fue genial poder identificar mi cronotipo y comprender mejor lo que significaba para mis niveles de energía y mis puntos óptimos de productividad natural, pero si nuestra genética dirige nuestros ritmos energéticos y no los podemos controlar con disciplina o fuerza de voluntad, ¿por qué se nos dice una y otra vez que la mejor manera de hacer más cosas es levantarse más temprano? ¿Por qué nuestros ritmos de trabajo son tan inflexibles? Me hice la misma pregunta que mi clienta Hattie: ¿Por qué no nos enseñan esto en la escuela?

La pandemia de COVID-19 planteó muchos desafíos a las mujeres —los datos muestran que una de las principales repercusiones económicas de la pandemia fue el aumento de la disparidad de género en el mercado laboral (Barua 2022)—, pero para algunas supuso la oportunidad de trabajar por primera vez en consonancia con nuestros cronotipos del sueño. Este fue el caso de mi clienta Naomi. Como madre soltera de dos niños pequeños, Naomi se enfrentó a mayores desafíos que la mayoría durante el aislamiento, y la responsabilidad del cuidado de los niños y la educación en casa recayó directamente sobre sus hombros. A pesar del estrés y los desafíos que planteaba el COVID-19, Naomi descubrió que era un periodo fructífero para su carrera, ya que una mayor flexibilidad le permitía cambiar su ritmo de trabajo y hacer más cosas por las tardes, cuando naturalmente tenía más energía y estaba más concentrada. Por desgracia para Naomi, la organización para la que trabaja anuló recientemente su política de trabajo flexible, y ordenó al personal que volviera a la oficina y aplicó el antiguo modelo de trabajo de nueve a cinco. Naomi cree que esto ha obstaculizado no solo el disfrute de su trabajo, sino también su productividad: me dijo que, si bien ahora tiene más apoyo con sus hijos y las tareas domésticas, nunca ha experimentado la misma fluidez con su trabajo que durante el aislamiento.

Al igual que ocurre con las hormonas, parece que todavía no estamos preparados como sociedad para aceptar que todos tenemos variaciones en nuestros ritmos energéticos diarios. Pero incluso si no tienes la flexibilidad de cambiar tus patrones de trabajo, o si tienes otras responsabilidades, como cuidar de otras personas, que te obligan a estructurar tu día de una manera que no te conviene, el simple hecho de saber con qué cronotipo de sueño te identificas puede cambiar tu diálogo interior y tus expectativas sobre ti misma para mejor.

HAZLO A TU MANERA

A partir de la información anterior, identifica con qué cronotipo de sueño te sientes más alineada en esta etapa de tu vida.

Piensa en cómo tu cronotipo de sueño puede afectar tus niveles de energía y tus oportunidades de productividad, y cómo puedes modificar tu horario para que se ajuste a ti. Por ejemplo, si te identificas como un lobo, ¿hay alguna forma de asegurarte de que tus tareas más creativas y energéticas se reservan para el final del día?

El impacto de las estaciones

Hemos hablado de cómo nuestro ciclo hormonal puede reflejar el ciclo estacional, pero ¿qué impacto tienen las estaciones reales en nuestros niveles de energía? Si vives en un lugar con estaciones, la variación de las horas de luz, la temperatura y la abundancia de la naturaleza puede ser enorme, lo que puede provocar fluctuaciones en tu productividad. Antes de la llegada de la electricidad, esto se reconocía en la forma en que trabajábamos: los meses en los que había luz del día eran de mucho trabajo, y se realizaban tareas como plantar, cultivar y cosechar, y los meses más oscuros y fríos eran más lentos y se pasaba más tiempo en casa preservando y descansando. Hoy en día, sin embargo, el ritmo de trabajo es poco estacional, y la mayoría de nosotras trabajamos el mismo número de horas en invierno que en verano, con alguna que otra fiesta nacional o semana de vacaciones.

Esta expectativa de producir como si estuviéramos siempre en verano es otra de las formas en que nuestras estructuras sociales esperan que actuemos más como robots que como humanos. Como dice el refrán, nada en la naturaleza florece durante todo el año y, sin embargo, nosotros esperamos que así sea, lo que inevitablemente nos pasa factura. Aunque no todo el mundo experimenta fluctuaciones en su estado de ánimo o energía a lo largo del año, hay tendencias que sugieren que muchas personas sí las experimentan. Por ejemplo, los datos de Google Trend UK muestran que las búsquedas de la frase «recuperarse del agotamiento» alcanzan su máximo durante la segunda semana de enero, el momento más profundo del invierno, cuando hay menos horas de luz. Del mismo modo, las búsquedas de la frase «¿Estoy deprimido?» son más bajas en julio y agosto, cuando los días son más largos y cálidos y mucha gente se toma un descanso del trabajo.

Además, las presiones y las cargas que soportan las mujeres también pueden aumentar en determinados momentos del año. Por ejemplo, la investigación muestra que las mujeres en relaciones heterosexuales asumen la mayor parte del trabajo durante el período de vacaciones (Reese 2019), desde garantizar que el hogar se mantenga limpio y ordenado hasta comprar regalos y cuidar el parentesco (el acto de mantener y fortalecer los lazos familiares). Y si tienes responsabilidades de cuidado, es posible que descubras que las cargas mentales y físicas fluctúan con las estaciones. Como madre de una enérgica niña pequeña, me he dado cuenta de que el invierno es más duro, con menos horas de luz, lo que significa que pasamos más tiempo en casa. Esta lucha puede ser aún mayor si cuidas de alguien con discapacidades o problemas de salud que se exacerban en las distintas estaciones.

Tal vez no te sientas identificada con las tendencias o los patrones que he compartido aquí (en el pasado, me ha sucedido que el invierno era una época más productiva, probablemente porque respondo bien a la rutina, que se siente más ausente en mi vida en los meses de verano), pero lo más seguro es que experimentes alguna fluctuación a lo largo del año. Piensa en los últimos años. ¿Hay alguna estación o algún mes en el que te sientas con más energía y algún momento en el que te sientas más agotada? ¿Cómo influye en tu motivación o creatividad el cambio de estación? Una vez más, cuando reconocemos que nuestra energía puede verse afectada por lo que ocurre fuera de nuestra ventana, podemos adaptarnos a los cambios energéticos estacionales y gestionarlos mejor. Por ejemplo, si tienes problemas durante el invierno, puede que te resulte más eficaz evitar fijarte propósitos en enero y dejar los nuevos objetivos para la primavera, cuando tienes la energía para emprender las acciones necesarias. O si las cálidas temperaturas del verano te dejan agotada, quizás prefieras programar viajes o actos sociales en los meses más fríos.

Otros factores que pueden influir en tu energía

Espero que a estas alturas puedas ver que gestionar nuestra energía es complicado, y que las hormonas, los cronotipos y la naturaleza desempeñan un papel en lo productivas que podemos sentirnos en un momento dado. Pero, por supuesto, ni siquiera esta es una lista completa, y hay todo tipo de factores que pueden influir en lo enérgica o productiva que te sientas en un día determinado. Aquí tienes algunas otras ideas que puede merecer la pena considerar:

- ✿ **Tus pautas de trabajo**: ¿Cómo influye la estructura de tu semana laboral en tu energía? Por ejemplo, si eres una trabajadora híbrida, ¿te sientes con más energía al estar cerca de tus compañeros en la oficina, o te agota el trayecto al trabajo? Puedes utilizar esta información para ayudarte a equilibrar la carga de trabajo de la semana.
  Tu salud: si padeces una enfermedad crónica, es probable que experimentes fluctuaciones en tu energía dependiendo de tu estado general de salud. Aceptar y acomodar tu necesidad de descanso y aprovechar los periodos de más energía como oportunidades para salir adelante probablemente te hará sentir más empoderada que esperar rendir al mismo nivel todos los días. También puede ser fortalecedor reconocer que no tienes los mismos niveles de energía que los que te rodean y acomodar esto en tu propia definición personal de éxito.

- **Tus rutinas como cuidadora**: Si eres madre o tutora o si brindas cuidados en cualquier otra capacidad, lo más probable es que las rutinas de las personas a tu cargo influyan en tu energía. Por ejemplo, sé que si mi hija no se encuentra bien o está atravesando una mala racha de sueño, mi energía general se verá comprometida. Del mismo modo, tener que viajar mucho para cuidar a un familiar anciano o enfermo también puede pasar factura.
- **Vacaciones y tradiciones**: Las fiestas y las tradiciones anuales también pueden desempeñar un papel importante en tus niveles generales de energía. Es posible que experimentes un aumento de energía después de tomarte un descanso en verano, pero que te sientas más agotada durante el periodo festivo. Una vez más, reconocerlo y planificar tus actividades en función de esas fluctuaciones hará que la vida parezca mucho más fácil.

Tómate un tiempo para pensar qué más puede afectar a tu energía y cómo puedes tenerlo en cuenta a lo largo del mes o del año. También puedes reflexionar sobre tu definición del éxito y explorar cómo puedes incorporar tus fluctuaciones energéticas a tu visión de una vida feliz.

Los arquetipos de productividad y la energía

Una última cosa que quiero explorar antes de empezar a concluir este capítulo es cómo saber más sobre nuestro arquetipo de productividad puede ayudarnos a gestionar mejor nuestra energía. A continuación, puedes ver los superpoderes energéticos de cada arquetipo y los puntos a tener en cuenta. También he incluido una tarea o una nueva perspectiva para ayudarte a gestionar mejor tu energía en función de tu arquetipo. Como ya hemos comentado, hay todo tipo de factores que entran en juego, así que es posible que no te identifiques con todo lo que se ha escrito sobre tu arquetipo de productividad, pero tómate tu tiempo para fijarte en lo que sí te suena.

LA HACEDORA

Las hacedoras son las más enérgicas por naturaleza de todos los arquetipos de productividad. Les resulta fácil empezar algo nuevo y, como las motiva completar tareas, suelen mantener la energía durante todo un proyecto. Sin embargo, corren el riesgo de estar tan ocupadas que no se dan cuenta de los cambios en sus ritmos energéticos como resultado de factores como los ciclos hormonales o las estaciones. Esto puede llevarlas a esforzarse con poca energía, lo que provoca decepción en ellos mismos e incluso agotamiento. ¿Recuerdas a mi clienta Hattie, que mencioné antes? Esto es lo que le pasó a ella, y es algo que yo también he experimentado. Hoy en día, intento darme más espacio y tiempo para comprobar cómo me siento. También tengo más en cuenta mis picos energéticos a la hora de planificar proyectos: aunque no tenga el control para planificar todas mis tareas en función de mi energía, puedo tener más en cuenta cuándo voy a necesitar más descanso o cuándo debo ser más consciente de mi diálogo interior.

✸ Prueba *esto* ✸

Comprométete a prestar más atención a tus niveles de energía. Una forma sencilla de hacerlo es preguntarte cada mañana cuán energética te sientes en una escala del 1 al 10. Comprobar tus niveles de energía te ayudará a notar los altibajos y te facilitará saber cuándo debes esforzarte y cuándo debes ser más amable contigo misma.

LA PERFECCIONISTA

Según mi experiencia, aunque las perfeccionistas tienen una tendencia natural a querer rutinas y organización, lo que puede ayudarlas a mantener y gestionar mejor su energía, también son el arquetipo más propenso a ignorar sus ritmos naturales en un intento de mantener un nivel constante de productividad. A veces, esto puede hacerlas vulnerables a un diálogo negativo con ellas mismas cuando les resulta difícil seguir su plan.

Este fue sin duda el caso de mi clienta Rose. Rose trabaja en finanzas, un sector en el que tanto las mujeres como las personas de su misma etnia son minoría. Como consecuencia, se sentía presionada para seguir el ritmo de sus compañeros, y trabajaba hasta tarde incluso cuando tenía retortijones en el estómago. Rose creía que así sería más productiva y seguiría siendo competitiva, pero en realidad acababa más cansada y más propensa a cometer errores. Esto alimentaba un ciclo tóxico en el que Rose sentía que tenía que esforzarse aún más para recuperar la confianza en sí misma, lo que a la larga la dejaba aún más exhausta. Desde que aprendió más sobre su ciclo hormonal y sus propios ritmos naturales de productividad, Rose ha podido adoptar un enfoque más flexible, confiando en que satisfacer sus necesidades la ayudará a rendir mejor con el tiempo. Rose me dijo que algo que la ayudó a cambiar fue reconocer que, al aceptar y comunicar sus propias limitaciones, no solo está cuidando mejor su propio bienestar, sino que también está ayudando a crear un entorno en el que otras mujeres y personas de color de su organización se sientan seguras de hacer lo mismo.

✹ Prueba *esto* ✹

Intenta ajustar tu rutina a uno de los ciclos explorados en este capítulo. Observa si te ayuda a sentirte mejor y a hacer más cosas importantes a largo plazo. Resiste la tentación de intentar hacerlo a la perfección: puede que de vez en cuando vuelvas a caer en los viejos patrones, pero no pasa nada. A veces tardamos un tiempo en asimilar los cambios.

LA SOÑADORA

Las soñadoras suelen transgredir las normas energéticas; por ejemplo, pueden identificarse con un lobo que cobra vida al anochecer. Esto les permite ser productivas en un momento en el que los demás suelen descansar. Además, las soñadoras son sensibles a sus impulsos energéticos y creativos y son más propensas a aprovecharlos que otros arquetipos. Sin embargo, las soñadoras pueden correr el riesgo de adoptar un enfoque de «todo o nada», y hacen mucho durante sus momentos de mayor energía, pero les cuesta actuar o progresar cuando están cansadas o sin inspiración.

A mi clienta Phoebe la ayudé en este sentido. Ella estaba cansada de depender de sus subidones de energía para escribir su novela (sobre todo porque, como cuidadora que forma parte de la generación sándwich, Phoebe se encontraba con que las exigencias de cuidar de sus hijos y de sus padres la hacían experimentar esos subidones con poca frecuencia) y reconoció que, para alcanzar los sueños que se había propuesto, tendría que encontrar la manera de ser un poco más constante. Los primeros pasos que dimos fueron advertir que su energía subía y bajaba y reconocer estos patrones, lo que permitió a Phoebe confiar en que, aunque no tuviera ganas de crear cada minuto de cada día, su energía volvería. Otra cosa que ayudó a Phoebe fue aprovechar mejor sus bajones energéticos, y los utilizó como momentos para encontrar la inspiración o centrarse en actividades más reflexivas, como la edición, o simplemente para darse el tiempo que necesitaba para descansar.

✸ Prueba *esto* ✸

Piensa en cómo podrías aprovechar mejor tus momentos de bajón energético. Escribe una lista de actividades de bajo consumo energético que te inspiren o recarguen tu energía —por ejemplo, leer, dormir o escribir— y esfuérzate por seguir dándoles prioridad incluso durante una temporada de poca actividad. Seguramente descubrirás que hacerlo te permitirá ser aún más productiva cuando recuperes la energía.

LA PROCRASTINADORA

Las procrastinadoras son mucho mejores que los otros arquetipos de productividad a la hora de proteger su energía y respetar sus ritmos naturales. Cuando les brindo apoyo, me he dado cuenta de que a menudo planifican su agenda y su capacidad en función de sus puntos energéticos más bajos y, aunque esto es estupendo para protegerse del agotamiento o el cansancio, puede significar que no alcancen todo su potencial durante sus periodos de mayor energía.

Esto es algo que se estaba convirtiendo en un bloqueo importante para mi clienta Anna mientras trabajaba en su objetivo de iniciar su propio negocio de diseño gráfico. Ella sabía que tenía las aptitudes y había creado un plan de negocio brillante, pero le costaba encontrar tiempo para pasar a la acción. Nos dimos cuenta de que un gran obstáculo para Anna era que era más creativa y tenía más energía por las tardes, pero solía ser cuando estaba más ocupada con las tareas domésticas, como preparar la cena y acostar a sus hijos. Una vez que Anna se dio cuenta de que esto era un obstáculo para su progreso, pudo hablar con su pareja sobre cómo gestionaban sus rutinas nocturnas y liberar algo más de tiempo para su negocio.

✹ Prueba *esto* ✹

Piensa en un ítem de tu lista de tareas pendientes o en un nuevo hábito que te cueste poner en marcha. Identifica un momento de máxima energía para ti (puede ser un momento especialmente energético de tu ciclo hormonal o una hora del día en la que te sientas con más energía) y comprueba si te resulta más fácil avanzar en ese momento.

Déjalo ir

Teniendo en cuenta todo lo que hemos hablado en este capítulo, ¿hay alguna creencia que debas abandonar para aprovechar mejor tu energía? Por ejemplo, ¿dejar de lado la idea de que tienes que empezar el día con fuerza podría ayudarte a aceptar el hecho de que eres más bien un búho nocturno? ¿O dejar de lado la necesidad de estar en tu mejor versión en invierno podría darte permiso para practicar el autocuidado que te apetece en esa época?

Si te quedas con algo de este capítulo, quiero que sea lo siguiente: todos somos diferentes. Existimos en cuerpos diferentes, con genética y hormonas diferentes. Vivimos en entornos y estructuras diferentes, y tenemos preferencias distintas que influyen en la determinación de nuestros niveles de energía y ciclos. También tenemos distintas expectativas puestas en nosotros por nuestras culturas y comunidades y diferentes desafíos sistémicos y estructurales que superar. Cuando reconocemos esto, no solo empezamos a descubrir pistas sobre cuándo trabajamos mejor y cuándo podemos ser más creativas, sino que también podemos empezar a practicar una mayor autocompasión.

Sé que no siempre es fácil respetar nuestros propios ritmos energéticos. Sé que habrá otros factores en tu vida que influyan en cómo planificas tu tiempo y tu energía, ya sean las exigencias de tu horario de trabajo o el hecho de que tengas a alguien en tu vida que confía en que sigas apareciendo cada día, incluso cuando estás agotada. Sé que puedes ser escéptica sobre la diferencia que puede suponer prestar atención a todas estas cosas. Pero quiero que lo intentes de todos modos. Porque incluso si no puedes flexibilizar tu horario, puedes reconocer tu propia humanidad, y eso a su vez te ahorrará toda la energía que de otro modo podrías gastar castigándote o intentando encajar en un molde que no eres tú.

Si alguna vez has intentado seguir los consejos, trucos u horarios de productividad de otra persona y has luchado para que funcionen para ti, eso no es un fracaso por tu parte. No es porque te falte disciplina o fuerza de voluntad o motivación o compromiso, es simplemente porque ese consejo o rutina no estaba basado en tu realidad. Gran parte de nuestro mundo y entorno se ha diseñado teniendo en cuenta un tipo de ciclo energético, pero eso no significa que tus patrones energéticos únicos sean erróneos. Y cuando lo aceptamos y empezamos a reconocer y comprender cómo son nuestros propios ciclos energéticos, nos abrimos a muchas posibilidades. Apoyarte en tus propios ritmos es un truco de productividad que funciona de verdad y que además te sentirá genial. Confía en mí.

Es un acto radical rechazar las estructuras que la sociedad ha establecido para nosotras, pero es esencial si queremos alcanzar nuestra propia definición del éxito y empezar a priorizar nuestro bienestar y nuestra alegría de la forma que nos merecemos. La antigua forma de hacer las cosas no se diseñó pensando en nosotras; participemos en la construcción de una nueva forma, que no solo reconozca nuestros ritmos energéticos únicos, sino que los aproveche para potenciar nuestra magia.

RECAPITULEMOS

- Nuestros niveles de energía se ven afectados por una gran variedad de factores, como las hormonas, los cronotipos del sueño, las estaciones y nuestros arquetipos de productividad.
- Los ciclos hormonales masculinos y femeninos difieren de forma significativa, ya que el ciclo masculino se completa cada veinticuatro horas y el femenino cada veintiocho días en promedio.
- Existen cuatro tipos de cronotipos de sueño, determinados por la genética. Tu cronotipo de sueño influye en el momento del día en que te sientes más productiva.
- Las estaciones pueden influir mucho en cómo de productivas nos sentimos y, hasta hace poco, nuestros patrones y expectativas de trabajo solían reflejarlo.
- Podemos utilizar nuestros arquetipos de productividad para ayudarnos a gestionar nuestra energía de forma más eficaz.
- Es importante reconocer y acomodar nuestros propios ritmos energéticos si queremos hacer más cosas con alegría

CAPÍTULO 6:

CONFÍA EN TU INTUICIÓN PARA GUIAR TUS DECISIONES

Una de las cosas para las que no estaba preparada cuando tuve a mi hija era la curiosidad de los demás por saber cómo íbamos a criarla. Después de pasarme años recibiendo variaciones de la pregunta «¿Crees que vas a tener hijos?» en todas las reuniones familiares, pensé que tener una significaría que por fin tendría un poco de paz y tranquilidad. No podía estar más equivocada: las preguntas se multiplicaron por diez. «¿Le das el pecho o leche de fórmula?» «¿Duerme bien?». «¿A quién crees que se parece más?» «¿Cuándo piensas volver a trabajar?» «¿El padre se ocupa?» (Nota al margen: observa cómo nunca preguntan esto a los padres sobre las madres.) Y, por supuesto: «¿Crees que tendrás otro?». (Me lo preguntaron apenas unas semanas después de tener a mi hija, antes incluso de que la cicatriz de la cesárea hubiera empezado a curarse).

Sin dudas, la pregunta que más me han hecho desde que di a luz a principios de 2023 es la siguiente: «¿Tiene una buena rutina?». Las personas están obsesionadas con las rutinas de los bebés, algo de lo que yo no tenía ni idea hasta que me quedé embarazada y empecé a leer los libros que me pasaban mis amigas. Solo cuando llegó mi hija me di cuenta de lo candente que está el tema. Parece que todo el mundo tiene una opinión sobre la rutina que debes adoptar para tu bebé. Las generaciones mayores te contarán lo que mejor les funcionó a ellos, otros padres querrán comparar y contrastar la rutina de su bebé con la tuya, y no dejarás de encontrarte con libros, pódcasts o cuentas de Instagram que intenten venderte la rutina «perfecta» que por fin conseguirá que tu bebé duerma toda la noche.

Durante mucho tiempo me resistí a la idea de intentar que nuestra bebé siguiera una rutina, no porque pensara que hubiera algo malo en ellas. De hecho, tengo muchas amigas que juran que establecer una ha ayudado a su familia a prosperar. Nosotros simplemente no sentíamos que la rutina fuera lo más adecuado. Mi marido y yo tenemos horarios de trabajo fluctuantes que nos obligan a ser flexibles, y nos gustaba la idea de poder llevar a nuestra bebé con nosotros en lugar de estar atados a un horario fijo. Además, tampoco parecía que nuestra pequeña tuviera muchas ganas de tener uno. Las horas a las que se despertaba y la duración de sus siestas eran, como mínimo, impredecibles. Una ventaja añadida fue que el enfoque de seguir la corriente parecía ayudarme a confiar en mí misma como madre primeriza. Eliminar cualquier expectativa fija sobre cómo iría el día significaba que no me castigaba a mí misma los días en que las cosas parecían un poco caóticas.

A los seis meses, sin embargo, algo empezó a cambiar. Estábamos atravesando una mala racha de sueño y mi carga de trabajo también empezaba a aumentar. Me sentía abrumada, agotada y más cansada que nunca. Cada vez que mencionaba esto a alguien, su respuesta era la misma: «Oh, necesitas meterla en una rutina». Así que, sintiéndome vulnerable y desesperada por dormir un poco más, lo intentamos. Encontré en Internet un horario recomendado para bebés de seis meses e intentamos adaptarlo a sus comidas, siestas y horas de sueño. El resultado fue probablemente mi semana más difícil como madre hasta la fecha. Hubo lágrimas mías, lágrimas de mi bebé y un montón de dudas sobre mí misma. Todas las mañanas me levantaba con un nudo en el estómago y me sentía una fracasada. ¿Por qué no podía resolverlo? ¿Por qué nos costaba tanto cuando parecía que todo el mundo lo había conseguido sin estrés? ¿Habíamos defraudado a nuestro bebé por no haber intentado establecer una rutina antes?

A los cinco o seis días, abandonamos el intento de seguir la rutina que había encontrado en Internet. Irónicamente, dado que estaba abandonando algo, la sensación de fracaso desapareció casi al instante. Pude volver a sintonizar con mis instintos y mi intuición, y me sentí más tranquila y presente con mi hija. Claro que seguía cansada, pero ahora podía ver que mi agotamiento no se debía a que no hubiera perfeccionado una rutina, sino simplemente a que tenía una bebé de seis meses, y ser la madre de un pequeño ser humano que depende de ti para todas sus exigencias es muy agotador. Y cuando aceptamos que una rutina no iba a ser la solución mágica que todo el mundo nos decía que sería, pudimos centrarnos en los cambios prácticos que nos funcionaban mejor: dividir los despertares tempranos entre mi marido y yo, por ejemplo, o hacer las paces con el hecho de que nunca llegaríamos al fondo del cesto de la ropa sucia. Volvimos a un enfoque que nos convenía a nosotros y a nuestra hija, y me prometí no preguntar nunca a otra madre u otro padre si tenía una rutina.

Hay una razón por la que comparto esta anécdota, y no es para presentar un caso a favor o en contra de las rutinas de los bebés. De hecho, me importa un bledo cómo decidan los demás ser padres y madres o cómo crían a sus hijos (es una de las razones por las que siempre me siento tan desconcertada por el aluvión de preguntas). No, comparto esta anécdota porque creo que, tanto si eres madre como si no, es probable que hayas tenido esta experiencia de abandonar tu intuición en favor del consejo o la orientación de otra persona.

A lo largo de los años, he visto surgir un patrón con mis clientes de *coaching*, que también ha estado presente en mi propia vida. Identifican un cambio que les gustaría hacer en sus vidas y empiezan a buscar consejos que los ayuden. Puede que se dirijan a Internet en busca de información, o tal vez acudan a amigos, mentores o colegas en busca de su consejo. O decidan invertir en un curso o un libro. Una vez que reúnen los consejos, intentan poner en práctica la información que han encontrado en su propia vida, sin plantearse si es el plan o el enfoque adecuado para ellos, antes de fracasar en el intento y sentirse abatidos y autocríticos por ello.

Permíteme compartir un ejemplo. Una clienta mía, Steph, tenía como objetivo mejorar su forma física. Seguía a una *influencer* del *fitness* en Instagram que estaba llevando a cabo un desafío de ejercicio que implicaba completar una serie de entrenamientos diferentes cada semana. Para Steph, participar en este desafío era una decisión obvia. No solo la ayudaría a conseguir su objetivo de sentirse más en forma sino que, además, al tener un plan, no tendría que pensar demasiado en lo que iba a hacer y cuándo lo haría, lo que le ahorraría tiempo, algo importante dado que tenía un trabajo muy atareado en una organización benéfica. Steph se embarcó en el desafío, pero al cabo de una semana, más o menos, ya le resultaba difícil. Los ejercicios requerían mucho equipamiento, lo que significaba que había que hacerlos en el gimnasio, y como Steph ya trabajaba largas jornadas en la oficina, a veces no llegaba a su casa hasta las diez de la noche. Estaba exhausta y le costaba encontrar tiempo para ver a sus amigas y cumplir con sus obligaciones domésticas, pero como se identifica mucho con el arquetipo de la perfeccionista, también le costaba perderse un entrenamiento o abandonar el desafío. Al final, su cuerpo se rindió y acabó en cama con un fuerte ataque de gripe. Supuso que seguir el plan de otra persona le ahorraría tiempo y energía, pero ocurrió todo lo contrario: al no tener en cuenta sus propias necesidades y sus horarios, volvió al punto de partida. Cuando se recuperó del todo, Steph y yo pudimos elaborar un plan que le resultara más sostenible a largo plazo y que tuviera en cuenta factores como sus compromisos laborales y lo que más le gustaba.

El año pasado trabajé con otra clienta, Emma, que estaba en proceso de crear su propio negocio de yoga. Se había dado cuenta de que, para conseguir más reservas para sus clases, necesitaba hacer más *marketing*, y había recurrido a Google para que la ayudara a saber por dónde empezar. Como procrastinadora confesa, a Emma le resultó abrumador el bombardeo de información y acabó atrapada en un ciclo de procrastinación en el que trataba de encontrar el plan de *marketing* adecuado para ella. Invertía en un curso o producto que prometía ayudarla, le costaba llevar a cabo las acciones descritas en dicho curso o producto y volvía a buscar en Google, con la esperanza de que la siguiente inversión fuera la que la ayudara. Lo que realmente ayudó a Emma fue darse cuenta de que ya tenía los recursos y las habilidades que necesitaba para encontrar más alumnos para sus clases. Tenía una gran red local y, con unas cuantas conversaciones y algo de publicidad en cafeterías y tiendas populares cercanas a su estudio, pudo llenar sus clases gracias al boca a boca. De nuevo, Emma había creído que recurrir al plan de otra persona facilitaría la gestión de su negocio, pero lo único que había conseguido era crear más agobio y obstáculos.

A primera vista, buscar consejos de afuera para que nos ayuden a realizar los cambios que queremos no parece un plan terrible. Es razonable pensar que el hecho de que Steph siga un desafío, o de que Emma participe en un curso de *marketing*, o de que yo lea sobre la rutina perfecta para bebés nos haría más productivas a la hora de alcanzar los objetivos deseados. Pero la cuestión con este enfoque es que, cuando damos todo el poder a esa guía o información externa e ignoramos nuestra propia intuición y nuestros instintos en el proceso, a menudo acabamos gastando energía en acciones que no nos hacen avanzar, y dañamos nuestra confianza en nuestras capacidades.

Si queremos hacer más cosas de forma que nos sintamos felices y maximicemos la eficacia, si queremos empezar a tomar decisiones que se ajusten a nuestra propia definición del éxito, tenemos que invitar a nuestra intuición a la fiesta.

¿Qué es la intuición y por qué es importante para la productividad?

El Diccionario de Cambridge define la intuición como «la capacidad de comprender o saber algo de inmediato basándose en los sentimientos más que en los hechos». A menudo, la intuición puede parecer algo superficial o de poco sustento científico, sobre todo cuando se la compara con un enfoque analítico más riguroso en la toma de decisiones. Sin embargo, las investigaciones sugieren que hay un proceso cognitivo profundo en juego, con experiencias pasadas, conocimientos acumulados y señales de nuestro entorno que nos ayudan a tomar una decisión rápida. Se cree que nuestros procesos intuitivos fueron una parte esencial de la supervivencia humana, que nos ayudaron a percibir cuándo podía haber peligro y a tomar decisiones rápidas e inconscientes cuando era necesario. Nuestros pensamientos intuitivos no son irracionales ni aleatorios. Son el cúmulo de todas las experiencias que hemos tenido y de los conocimientos que hemos adquirido a lo largo de nuestra vida.

Hay muchas razones por las que nos puede costar escuchar o confiar en nuestra intuición, sobre todo a las mujeres. En primer lugar, vivimos en una sociedad que valora la lógica y los datos por encima de las emociones, y confiar en un instinto visceral por encima de un argumento razonado puede verse a menudo como una debilidad.

Sin embargo, la investigación sugiere que el procesamiento intuitivo es más rápido que el razonamiento analítico y a menudo puede ser igual o incluso más preciso, y nos ayuda a emitir mejores juicios o tomar decisiones con menos gasto energético. Un estudio, llevado a cabo por expertos en psicología organizacional, descubrió que es especialmente probable que esto ocurra si ya tenemos lo que se conoce como «experiencia de dominio», que básicamente significa tener conocimientos previos y experiencia en el área en la que estamos tratando de tomar una decisión (Dane 2012). En pocas palabras, si tienes una buena cantidad de conocimientos previos, adoptar un enfoque intuitivo puede ayudarte a ser más productiva. Este parece ser el caso de los médicos: un estudio de 2004 publicado en la BMJ[4] descubrió que la intuición de un médico de que algo iba mal al tratar a un niño era más importante para el diagnóstico que la mayoría de los signos o síntomas.

Otras investigaciones sugieren que las mujeres pueden estar más preparadas que los hombres para utilizar la intuición para mejorar su toma de decisiones (Bao et al. 2022), con estudios que muestran que las mujeres son más sensibles a las señales sutiles y tienden a demostrar mayores niveles de empatía e inteligencia emocional (Fischer, Kret y Broekens 2018), que pueden beneficiar el proceso intuitivo. Y, sin embargo, a pesar de las pruebas que demuestran que las mujeres tenemos altos niveles de intuición y que usarla puede ayudarnos a tomar mejores decisiones, a menudo seguimos encontrando prejuicios en el lugar de trabajo. Lo he visto mucho en mi carrera anterior: cuando los hombres tomaban decisiones intuitivas, se los tachaba de sabios y rápidos de pensamiento, mientras que cuando las mujeres utilizaban sus instintos para que las ayudaran a tomar

[14] La *British Medical Journal* (Revista médica británica).

decisiones, se las describía como impulsivas o se las acusaba de dejarse llevar demasiado por sus emociones.

Curiosamente, hay estudios que sugieren que intentar explicar nuestros juicios con la lógica y la razón puede interrumpir nuestros procesos intuitivos y hacernos llegar a juicios menos precisos o eficientes (Ambady 2010). Es posible que alguna vez hayas tenido esta experiencia al intentar explicar una decisión a otra persona. Empiezas la conversación sintiéndote confiada y segura de tu elección, pero después de intentar defenderla o explicarla, tu confianza decae. Esto es porque has interrumpido el proceso intuitivo. La falta de seguridad en una misma también puede dificultar la confianza en nuestros instintos. Sin embargo, como hemos visto en las anécdotas que se han compartido antes en este capítulo, delegar la toma de decisiones en otras personas o intentar poner en práctica el plan de otra persona y fracasar en el intento solo hace que disminuya aún más nuestra confianza en nosotras mismas.

Para empezar, puede resultar incómodo confiar en la intuición, sobre todo si hemos estado expuestas a culturas, industrias o entornos que favorecen la lógica frente a la emoción. Esta ha sido mi experiencia. Después de estudiar economía en la universidad y trabajar en grandes empresas y en nuevas empresas tecnológicas, me habían inculcado que los datos eran fundamentales y que todas las decisiones debían basarse en pruebas y ser estratégicas. Por eso, durante mucho tiempo me mostré escéptica ante el *coaching* como herramienta y como industria, recelosa de que una modalidad que se basaba tanto en la intuición y el razonamiento emocional pudiera tener un valor que herramientas más académicas o basadas en datos no pudieran aportar con mayor eficacia. Lo irónico es que, cuando empecé a trabajar con un *coach* y a alimentar mi propia intuición, mi confianza y autoestima empezaron a crecer de forma significativa y pude defender mis sueños y ambiciones con mayor eficacia.

Un último obstáculo para utilizar nuestra intuición es, en primer lugar, ser capaces de conectar con ella. Cuando nuestras vidas están tan ocupadas y la carga mental es tan pesada, puede parecer imposible siquiera sintonizar con nuestra voz interior y averiguar lo que nuestra intuición está tratando de decirnos. Pero cuanto más ocupadas estamos, más podemos beneficiarnos del uso del procesamiento intuitivo para ayudarnos a tomar decisiones, dado que es más rápido que el razonamiento analítico. Es algo que he experimentado en el último año. Antes de tener a mi hija, me gustaba pasar mucho tiempo investigando cada decisión de mi negocio. Podía perder horas sopesando distintos programas informáticos y días enteros pensando en cada elemento de mi estrategia. Pero una vez que fui madre, mi tiempo se redujo de forma drástica, y hoy en día me veo obligada a adoptar un enfoque más intuitivo. Lo interesante es que mi negocio no se ha visto perjudicado, sino todo lo contrario. He tomado mejores decisiones y también me he divertido más, ya que he dedicado mi tiempo a centrarme en el trabajo que me gusta en lugar de investigar sin parar o sopesar pros y contras. Confiar más en mi propia intuición para tomar decisiones también me ha ayudado a liberarme de la trampa de la comparación, lo que significa que pierdo menos tiempo preocupándome por quedarme atrás respecto de mis compañeros.

Por supuesto, hay ocasiones en las que necesitamos conocimientos, información o perspectivas que nos ayuden a tomar una buena decisión, pero está claro que la mayoría de nosotras nos beneficiaríamos de aprender a escucharnos más a nosotras mismas si queremos no solo ser más productivas, sino también tomar decisiones que nos sirvan más a largo plazo. Como suelo decir a mis clientes: tú te conoces mejor que nadie en el mundo. Eres la única persona que ha vivido todas las experiencias de tu vida, la única que ha sentido todos los sentimientos. Eres tú quien ha aprendido la lección de cada fracaso que has tenido. Eres tú quien puede entender lo que ha hecho falta para crear los éxitos. Por supuesto, puede que haya gente que te ofrezca un poco de orientación técnica o que cubra algunas lagunas de conocimiento por ti, pero tú eres la experta en ti misma. He visto de primera mano en mi práctica de *coaching* que cuando las mujeres empiezan a confiar en sí mismas, la magia se despliega. ¿Qué sería posible para ti si dejaras de investigar sin cesar o de justificar tus decisiones y, en su lugar, volcaras esa energía en pasar a la acción?

Déjalo ir

Piensa en qué aspectos de tu vida es más probable que busques consejo u orientación externos. ¿Qué decisiones tomas consultando a amigas y familiares? ¿En qué situaciones recurres a Google? ¿Cómo podría ser tu vida si confiaras menos en el ruido externo y más en tu propia intuición e instintos?

¿Qué experiencias de tu vida pueden haber influido en la relación que tienes (o no tienes) con tu intuición? ¿Qué te han hecho creer sobre la confianza en tus instintos? ¿Hay alguna creencia que te gustaría abandonar de forma consciente?

Un apunte sobre los límites y la intuición

En el Capítulo 8 analizaremos los límites con mucho más detalle, pero por ahora vamos a hablar de cómo la intuición puede ser una herramienta útil e importante a la hora de determinar los límites que debemos establecer para proteger nuestro tiempo y nuestra energía.

¿Alguna vez has dicho que sí a un proyecto o compromiso social al que desearías haber dicho que no? Imagino que la respuesta a esta pregunta es probablemente sí. Como mujeres, somos propensas a comprometernos en exceso, algo que, como ya hemos comentado, puede alejarnos de nuestra propia definición del éxito y obstaculizar nuestro bienestar en el proceso. Hay muchas razones por las que podemos hacerlo, como estar condicionadas a anteponer las necesidades de los demás a las nuestras o simplemente querer evitar cualquier posible confrontación. Pero a menudo, cuando decimos que sí o aceptamos hacer algo, estamos ignorando nuestra intuición.

Pondré un ejemplo. A Anisha, mi clienta, la invitaron a hacer un viaje con unas amigas. Su reacción instintiva, cuando leyó la invitación en el chat de WhatsApp, fue de pavor: había muchas actividades animadas planeadas y, como introvertida que es, Anisha sabía que le costaría seguir el ritmo. También sabía que tenía otras prioridades económicas, como pagar algunas deudas que había adquirido. Sin embargo, a pesar de su intuición, se convenció a sí misma de que iría, pensando que sería una grosería rechazar la oferta y que ya encontraría la manera de costearla. A medida que se acercaba el viaje, aumentaba el temor que sentía Anisha. No es que no quisiera pasar tiempo con sus amigas, es que sabía que ese no era el foro en el que quería hacerlo. En un intento por hacer felices a los demás, había acabado por sentirse ansiosa y abrumada, y se había retrasado en su objetivo de saldar su deuda y tener más seguridad económica.

Puede que hayas tenido una experiencia similar a la de Anisha. Tal vez hayas aceptado ayudar en un proyecto del colegio de tus hijos, aun sabiendo que te quitaría el tiempo libre que tanto necesitas. Tal vez hayas aceptado ser la anfitriona en Navidad, aunque tu intuición te decía que hubieras preferido una celebración más sencilla ese año. Somos tan expertas en ignorar nuestra intuición para complacer a los demás que a veces ni siquiera nos damos cuenta de que eso es lo que hemos estado haciendo hasta que nos detenemos y reflexionamos. Pero nuestra intuición es una herramienta poderosa, e ignorarla no nos ayudará a construir la vida alegre que anhelamos, sino que simplemente nos dará otro problema con el que tendremos que lidiar más adelante.

Profundizaremos en cómo establecer y comunicar límites más adelante en el libro, pero por ahora, cuando hagas planes o respondas a invitaciones, intenta darte cuenta de lo que te dice tu intuición. Si algo no te parece bien cuando lo aceptas, lo más probable es que no te parezca bien cuando llegue el momento. Confiar en nuestra intuición puede ser el mejor acto de autocuidado.

Los arquetipos de productividad y la intuición

¿Cómo empezamos a aprovechar nuestros conocimientos o nuestra experiencia para que nos guíen? ¿Cómo sintonizamos con nuestra intuición? ¿Cómo sabemos si lo que sentimos es intuición o ansiedad? ¿Cómo aprendemos a confiar en nuestros instintos en una sociedad que parece favorecer los datos y el rigor por encima de los sentimientos y las emociones?

Son todas preguntas que me han hecho mis clientes a lo largo de los años y, si soy sincera, a veces yo misma me las hago, a pesar de conocer todos los estudios. He descubierto que la mejor manera de sintonizar y empezar a confiar en nuestra propia intuición y nuestro conocimiento varía en función de nuestro arquetipo de productividad, por lo que quiero explorar cada uno de ellos por separado.

LA HACEDORA

Si te identificas como una hacedora, el mayor desafío a la hora de confiar en tu intuición e instintos es disponer del tiempo y el espacio necesarios para escucharlos y comprometerte con ellos. Las hacedoras suelen darse cuenta de que solo cuando se apartan de su vida habitual, por ejemplo durante las vacaciones o las fiestas, son capaces de sintonizar con su voz interior. Eso es lo que me ha pasado a mí. Me identifico como una hacedora, en especial cuando se trata de la carrera, y antes de que hiciera el trabajo de sacar tiempo para conectar con mi intuición, a menudo tenía estas grandes revelaciones cuando estaba de viaje. Tomemos como ejemplo mi luna de miel en 2018. Durante mucho tiempo había tenido la sensación persistente de que mi carrera actual no era adecuada para mí, pero fue solo cuando salí de mi rutina durante tres semanas y volé a más de ocho mil kilómetros de distancia que pude escuchar completamente mi intuición y ver que estaba gastando toda mi energía construyendo una carrera que no me estaba sirviendo a mí ni a mis valores. Recuerdo que estaba sentada en un bar de Portland, Oregón, en una zona horaria completamente distinta a la de mis compañeros y seres queridos, y me di cuenta de que si quería que algo cambiara, tenía que redirigir esa energía hacia la construcción de algo nuevo. Reservé una llamada con un *coach* para la semana en que íbamos a llegar a casa y ya no miré hacia atrás.

Aunque, por supuesto, como mujeres nuestras listas de cosas por hacer ya son muy largas, me he dado cuenta de que las hacedoras a menudo añaden más cosas a la lista (de forma consciente o inconsciente) para distraerse de la voz de su cabeza. Esto ocurre sobre todo cuando la voz intenta decirnos una verdad incómoda que nos obligará a cambiar de alguna manera. Pero es fundamental aceptar que, si no dedicamos tiempo a conectar con nuestra intuición y comprometernos con ella, corremos el riesgo de seguir por un camino que no es el adecuado para nosotros y de crear más trabajo para nuestro futuro yo. No podemos construir un futuro más feliz e intencional para nosotras mismas si nunca estamos lo suficientemente quietas como para descifrar qué aspecto tendrá y cómo se sentirá.

Prueba *esto*

Crea un hueco en tu agenda para dedicar tiempo a tu intuición. Aquí tienes algunas ideas para hacerlo:

- **Empieza a escribir un diario.** Algo que me ha ayudado mucho es escribir libremente dos o tres páginas en mi diario cada día, sin seguir ninguna indicación ni agenda, y simplemente me fijo en lo que aparece cuando pongo el bolígrafo sobre el papel. A menudo, hay un pensamiento o un sentimiento al acecho que de otro modo hubiera pasado por alto. Si crees que necesitas un estímulo para empezar, puedes empezar escribiendo «Hoy siento...» y ver qué aparece. Y si escribir no es lo tuyo, ¿por qué no grabas una nota de voz? No hace falta que se la envíes a nadie, pero dedicar un momento a revisar y procesar tus pensamientos te aportará claridad.
- **Interrumpe el trabajo duro.** Las hacedoras suelen vivir en piloto automático, y corren de una cosa a otra sin tiempo para pensar. Una buena forma de volver a conectar con la intuición es interrumpir de forma consciente el trabajo: dar una vuelta a la manzana a la hora de comer, por ejemplo, o dejar una tarde libre a la semana para dedicarla solo a relajarse. Programar tiempos de inactividad con más frecuencia también puede ayudarte a tranquilizar tu ocupado cerebro; a veces, las hacedoras se dan cuenta de que, incluso cuando no están haciendo nada, pueden estar analizando, planificando o preocupándose. Cuanto más consigas tranquilizar tu mente, más fácil te resultará sintonizar con tu intuición.
- **Tómate un momento de consciencia plena.** Un último consejo que me ayuda es identificar algo que haces varias veces al día y utilizar esa actividad como una forma de comprobar cómo te sientes. Como soy un estereotipo británico que bebe mucho té, me gusta hacer una pausa y darme cuenta de cómo está yendo mi día cuando me estoy preparando la taza, pero tal vez podrías hacerlo durante las comidas o cuando te tomas un descanso para ir al baño. No tiene por qué ser algo formal o detallado; se trata más bien de adquirir el hábito de interrumpir tus pensamientos en varios momentos a lo largo del día.

LA PERFECCIONISTA

Si te identificas como una perfeccionista, es posible que tengas un problema similar al de mi clienta Steph, cuya experiencia compartí antes, en el que tu afán por hacer algo «a la perfección» hace que te resulte difícil escuchar a tu intuición o tus instintos si al hacerlo sientes que has fracasado de alguna manera. Además, tu deseo de perfección puede haberte hecho creer que hay una forma «correcta» de hacer algo, una actitud que obstaculiza tu capacidad de ser creativa o innovadora. Por ejemplo, mi clienta Laura tenía tantas ganas de hacer las cosas bien y de rendir a la perfección en el trabajo que seguía al pie de la letra las instrucciones de su jefe, e ignoraba su intuición cuando le decía que había una forma mejor de terminar el proyecto. Al no escuchar su intuición, Laura no supo detectar una oportunidad que su colega sí supo aprovechar, lo que la hizo parecer menos inteligente y menos observadora. Esto no solo fue frustrante, sino que también supuso que tuvieran en cuenta a su colega en lugar de a ella en el siguiente ascenso.

Así como las hacedoras se mantienen ocupadas para evitar escuchar a su intuición, las perfeccionistas se aferran a la idea de una forma «perfecta» de hacer algo por la misma razón. Puede parecer incluso más poderoso, dado que nuestra idea de lo que hace que algo sea «perfecto» está muy influenciada por nuestros padres, nuestros compañeros y la sociedad en general. Pero es importante tratar de ser flexible y recordar que no hay una forma perfecta de realizar una tarea o vivir una vida. Igual que no hay una forma perfecta de ser una buena hija, hermana, madre o amiga. Solo existe la forma que te hace sentir bien y te permite prosperar.

✸ Prueba *esto* ✸

La próxima vez que necesites hacer un cambio, en lugar de buscar el plan perfecto, prueba el enfoque del experimento:

- Paso 1: Identifica el cambio que quieres hacer.
- Paso 2: Haz una lluvia de ideas sobre las formas más alegres de realizar este cambio.

- Paso 3: Planifica y ejecuta un experimento en torno a una de tus ideas más alegres.
- Paso 4: Reflexiona y aprende: ¿era correcta tu hipótesis? ¿Qué has aprendido para tu próximo experimento?

Lo que me encanta de este enfoque, y por lo que funciona tan bien para las perfeccionistas, es que no puedes fracasar en un experimento: solo puedes aprender algo nuevo. Digamos que tienes la idea de que hacer ejercicio todos los días te hará sentir bien. Lo pruebas durante una semana y te das cuenta de que, en realidad, aunque has disfrutado de algunos entrenamientos, te sientes agotada y te ha costado encontrar tiempo para tus otras prioridades. Esta constatación no significa que el experimento haya fracasado, ni mucho menos. Has intentado algo, has aprendido de la experiencia y ahora dispones de información muy valiosa que te ayudará a planificar un experimento mejor la próxima vez. Adoptar este enfoque también te da permiso para abandonar si algo no funciona, lo que puede ayudarte a evitar el peligro de permanecer en el camino equivocado durante demasiado tiempo, algo que puede ser increíblemente perjudicial no solo para nuestra productividad, sino también para nuestra sensación general de bienestar y satisfacción vital.

Si lo deseas, puedes invitar a amigas, compañeras o seres queridos a que te ayuden durante el segundo paso: contar con diferentes puntos de vista te recordará que no existe un único enfoque perfecto.

LA SOÑADORA

Las soñadoras suelen tener la mejor relación con su intuición e instintos de todos los arquetipos de productividad, pero ¡su mayor desafío es que puede que no se den cuenta! Una de mis clientas más antiguas, Chloe, es una soñadora clásica. Es capaz de describir con todo lujo de detalles el tipo de vida que le gustaría llevar y tiene un instinto muy fuerte para decir que sí o que no. Su problema es que le cuesta actuar basándose en esos instintos porque a lo largo de su vida le han dicho una y otra vez que tiene que ser más realista en sus planes. Esto le genera resentimiento cuando ve a otras personas viviendo los sueños que ella tiene para sí misma mientras lucha por darse permiso para ir a por ello. Nuestro trabajo juntas se ha centrado en aceptar que sus sueños no son algo que se reserva para pensar durante el trayecto al trabajo, sino más bien son fuertes guías de su intuición sobre lo que debería priorizar o buscar en su vida. Y al hacerlo, ha sido capaz de mostrarse y actuar, y pasó tres meses viajando y finalmente solicitó el programa de doctorado que llevaba mucho tiempo en su lista.

Si te identificas con Chloe, quizá sea hora de que empieces a hacer lo mismo. Decirse a una misma que los sueños no son más que sueños puede parecer la opción más segura, porque al no actuar para hacerlos realidad no se corre el riesgo de fracasar en el intento. Sin embargo, no actuar es un fracaso en sí mismo y solo te llevará al resentimiento y la decepción. Y aquí está la cuestión: las personas que te han dicho que tus sueños no son realistas no tienen ni idea de lo que es realista para ti. Lo más probable es que sus comentarios no sean más que una proyección de sus propios prejuicios, miedos o inseguridades, y no un juicio útil sobre ti. La única forma de alcanzar tu definición del éxito es mostrándote dispuesta a lograrlo. Es hora de empezar a hacerlo.

✸ Prueba *esto* ✸

Un buen consejo si te cuesta creer que tus sueños son «realistas» es encontrar pruebas de que hacerlos realidad es posible. Hay muy pocas cosas que puedas soñar que te resulten realmente imposibles de hacer realidad, y darte cuenta de ello puede ayudarte a pasar a la acción. Aquí tienes algunas formas de hacerlo:

- Sea lo que sea que tu intuición te esté diciendo que hagas, busca a alguien que ya haya recorrido ese camino, ya sea una persona que conozcas en la vida real o alguien a quien puedas seguir en las redes sociales o escuchar en un pódcast. Poder ver que alguien ya ha hecho este cambio, sobre todo si sus circunstancias son similares a las tuyas, pondrá a prueba tu perspectiva. También puede ser útil buscar redes de mujeres en tu zona que puedan apoyarte y animarte.
- Piensa en las herramientas y los recursos que tienes a tu disposición. Cuando Chloe y yo empezamos a explorar la posibilidad de solicitar su programa de doctorado, se dio cuenta de que tenía algunos contactos que podían ayudarla a orientarse en el proceso y que su experiencia previa trabajando en la universidad le sería de ayuda. A veces, no te das cuenta de lo bien equipada que estás hasta que afrontas el cambio de frente y empiezas a crear un plan.
- Escribe una lista de cosas que antes te parecían un sueño imposible y que ahora son tu realidad. La frase de Nelson Mandela «Siempre parece imposible hasta que se hace» es popular por una razón: el cambio puede parecer difícil, pero eso no significa que no merezca la pena perseguirlo.

L

LA PROCRASTINADORA

Según mi experiencia, las procrastinadoras se sienten más alineadas con las soñadoras en el sentido de que su mayor desafío no es escuchar su intuición, sino pasar a la acción basándose en ella. De hecho, ¡las procrastinadoras son auténticas expertas en evitar actuar siguiendo sus instintos! Déjame que te hable de mi clienta Carmel. Carmel había construido una sólida carrera en el sector público, pero siempre había tenido la sensación de que no estaba en el camino correcto y que prosperaría más trabajando en un campo creativo. Me pidió que la ayudara a través del *coaching* a hacer este cambio y nos pusimos manos a la obra. Al final de cada llamada, Carmel se sentía segura de que este cambio profesional era el adecuado para ella y tenía una lista de acciones que iba a emprender para ponerlo en marcha, pero cuando nos reuníamos para la siguiente llamada, no había avanzado nada en el proceso. Tardamos unas cuantas sesiones en darnos cuenta de que lo que ocurría entre una llamada y otra era que la lógica se colaba e interrumpía el proceso intuitivo, lo que dificultaba que Carmel emprendiera la acción que quería emprender.

Juntas, nos dimos cuenta de que Carmel necesitaba reducir la distancia entre tener un pensamiento intuitivo y pasar a la acción, y así reducir la exposición al pensamiento analítico y a las opiniones de otras personas que la desviaban del camino. Empezó a reservar algunas horas después de nuestras llamadas de *coaching* para pasar a la acción y, en pocos meses, Carmel había terminado un curso de diseño gráfico y había conseguido su primer cliente autónomo.

✹ Prueba *esto* ✹

Cuando tengas un pensamiento intuitivo, actúa en consecuencia, aunque sea pequeño. Por ejemplo, puede que sientas una fuerte atracción por visitar Italia. Cuando sientas esa atracción, dedica unos minutos a investigar destinos concretos o el precio de los vuelos. Después, da el siguiente paso en cuanto puedas. Fíjate en lo que sientes cuando te pones a soñar, aunque sean cosas pequeñas, y luego identifica el siguiente paso y repite el proceso.

La idea es mantener el proceso intuitivo y no perderse en el agobio de crear un gran plan. Al centrarte en la acción, dedicarás menos tiempo y energía a preocuparte por si es lo correcto y más tiempo y energía en avanzar en la dirección de tus sueños.

HAZLO A TU MANERA

Identifica un momento en el que hayas confiado en tu intuición en el pasado y te haya ayudado a hacer un cambio positivo en tu vida. ¿Qué te ayudó a sintonizar con tu intuición y a confiar en que estaba en lo cierto en ese escenario? ¿Hay algo que puedas aprender de esa experiencia?

También puede ser útil pensar en un momento en el que no confiaste en tu intuición y qué puedes aprender de esa situación. Recuerda ir despacio: acercarte con compasión y curiosidad te servirá más que utilizar esto como una oportunidad para juzgarte o castigarte.

Algunas otras herramientas que te ayudarán a ponerte en contacto con tu intuición

Antes de terminar este capítulo, quiero compartir algunas otras herramientas o rituales que pueden ayudarte a ponerte en contacto con tu intuición y a profundizar en tu relación con ella:

1. Utiliza las cartas del tarot o del oráculo

Una forma de acceder a tu intuición es sacar una carta del tarot o del oráculo y observar tu reacción ante ella o explorar cómo se aplica a una situación en la que te encuentras. Empieza por pensar en una decisión o situación de tu vida sobre la que sientas que necesitas orientación y, a continuación, saca una carta de la baraja. (También puedes encontrar generadores gratuitos de cartas del tarot u oráculos en Internet si quieres intentarlo pero no tienes una baraja). Reflexiona sobre el significado de la carta elegida y observa cómo te sientes al analizarla en relación con tu situación o decisión.

Puede que sientas que la carta valida tus pensamientos intuitivos, o que su significado no es útil; en cualquier caso, estarás interactuando con tu intuición y te darás cuenta de lo que te parece o no cierto y significativo.

2. Sintoniza con tu cuerpo

En un mundo tan ocupado y acelerado como el nuestro, a menudo se infrautiliza la sabiduría de nuestro cuerpo. Sintonizar con nuestro cuerpo y su reacción ante determinadas ideas puede ser una buena forma de reconectar con nuestra intuición. Los siguientes pasos pueden ayudarte a conseguirlo:

- Piensa en una decisión, grande o pequeña, que tengas que tomar. Por ejemplo, quizá tengas que decidir si solicitas un ascenso.
- Piensa en las distintas opciones que tienes. Así, siguiendo con nuestro ejemplo, tus opciones podrían ser: solicitar el ascenso, hablar con RRHH para saber más sobre el ascenso o quedarte en tu puesto actual.
- A continuación, toma cada opción por turnos e imagínate viviendo esa decisión. Presta mucha atención a cómo reacciona tu cuerpo. ¿Te sientes tensa o ligera cuando imaginas esta realidad? ¿Qué ocurre en tu estómago? ¿Cómo cambia tu respiración?
- Cuando imaginas la decisión más intuitiva para ti, es probable que notes que tu lenguaje corporal es más abierto y que te sientes un poco más ligera. Es posible que tu estómago siga en movimiento, pero se sentirá más como mariposas que como un nudo revuelto.

3. Conecta con tu yo sabio del futuro

La última herramienta que quiero compartir contigo consiste en conectar con tu yo sabio del futuro. A menudo nos resulta más fácil acceder a nuestra intuición cuando nos alejamos de las amenazas, los miedos o los desafíos inmediatos y nos centramos en el panorama general. Empieza por imaginarte a tu yo sabio del futuro. Imagina que ha vivido todos los desafíos de tu vida y que ha llegado a la vejez sintiéndose feliz y contento. Dedica unos minutos a tratar de encarnar a ese yo del futuro, antes de escribirle una carta a tu yo actual. Piensa en los consejos que podría darte: ¿qué cree que es importante que sepas en esta etapa de tu vida?

Espero que empieces a darte cuenta de que tu intuición no es algo que debas descartar; es tu guía más poderosa. Tú te conoces mejor que nadie en el mundo. ¡Claro que sí! El hecho de que tú o yo dudemos de ello demuestra lo mucho que nuestros sistemas y estructuras han trabajado para fomentar esa duda.

Porque cuando dudamos de nosotras mismas, somos maleables. Es más fácil que nos vendan algo. Es más probable que compremos cosas que no necesitamos. Nos quedamos más tiempo en la oficina. Pasamos más tiempo navegando en las redes. Regalamos nuestra atención, nuestro tiempo y nuestro dinero. Tomamos decisiones que no se ajustan a nuestros valores. Renunciamos más fácilmente a nuestro poder.

Aprender a escuchar y confiar en nuestra intuición es la forma de recuperar nuestro poder. Es un acto radical, que no solo te ahorrará mucho tiempo y energía, y te hará más productiva, sino que también creará una profunda sensación de conocimiento y confianza que llevarás contigo toda la vida. En mi opinión, eso es un trabajo vital.

RECAPITULEMOS

- Muchas de nosotras delegamos nuestra toma de decisiones y nuestra planificación a otras personas que creemos que están mejor cualificadas, pero al hacerlo, a menudo ignoramos nuestra intuición y acabamos tomando decisiones que no nos hacen avanzar ni se alinean con nuestra definición del éxito.
- La investigación ha demostrado que confiar en nuestra intuición puede ayudarnos a hacer juicios más rápidos y precisos, sobre todo si ya tenemos experiencia en el área, lo que nos ayuda a ser más productivas. Se cree que las mujeres somos más intuitivas, pero también nos enfrentamos a más bloqueos para conectar con nuestra intuición y confiar en ella, y prevalecen fuertes inclinaciones por rasgos tradicionalmente más masculinos, como el análisis de datos.
- La relación con nuestra intuición puede variar en función de nuestro arquetipo de productividad:
    - A las hacedoras y a las perfeccionistas, para evitar escuchar a su intuición, les gusta mantenerse ocupadas o se adhieren a la idea de que existe un camino «perfecto».
    - Por el contrario, las soñadoras y las procrastinadoras suelen escuchar mejor su intuición, pero les cuesta confiar en las descargas que reciben o actuar en consecuencia.
    - Puedes empezar a construir una mejor relación con tu intuición si identificas un área de la vida con la que puedas sintonizar más utilizando las actividades o los ejercicios que se describen en este capítulo. Recuerda que se trata de un proceso: la habilidad del pensamiento intuitivo se desarrolla con la práctica y el tiempo.

CAPÍTULO 7:

APROVECHA TUS FORTALEZAS

A lo largo de mi carrera me han dado muchos consejos, pero hay uno en particular que todavía recuerdo casi quince años después de haberlo recibido. Es un consejo al que he regresado muchas veces a lo largo de la última década y media, y que también he compartido con muchos amigos y clientes. De hecho, ahora que lo pienso, este consejo también constituye la base de uno de los pilares fundamentales de mi programa de cambio de carrera: Encuentra lo tuyo.

El consejo —aprovechar mis fortalezas— me lo dieron durante el primer año de mi programa para graduados, que completé en una gran empresa internacional. Para los que no estén al tanto, un programa para graduados es algo así como un programa de formación para los que se acaban de recibir. Las organizaciones contratan a personas jóvenes y motivadas y les ofrecen la oportunidad de trabajar en distintas áreas de la empresa, además de mucha formación y desarrollo, con la idea de que luego puedan ofrecer nuevas perspectivas y añadir más valor como resultado del programa. El programa para graduados que yo completé se organizó de forma brillante, y tuve acceso a muchas oportunidades de aprendizaje y desarrollo. Una de las grandes ventajas fue que me asignaron un mentor que ocupaba un puesto de alto rango en la empresa y, durante el primer año de mi programa, me asignaron al director de ventas, un hombre muy amable y simpático, pero que aun así me intimidaba.

Esta era mi primera experiencia real de mentoría, al menos de manera formal. El equipo de aprendizaje y desarrollo nos había organizado una reunión inicial, y me tocó a mí preparar los temas de debate. Junto a mis compañeros de promoción habíamos realizado recientemente un ejercicio de análisis de competencias en el que se esbozaban nuestros puntos fuertes y débiles naturales, y pensé que sería estupendo empezar revisando cada uno de mis puntos débiles. Así podría pedir consejo a mi mentor sobre cómo colmar las lagunas de mis competencias.

Nos sentamos a tomar un café y me lancé de lleno a balbucear, nerviosa, lo que el ejercicio me había revelado sobre mis puntos débiles y las ideas que tenía para intentar solucionarlos.

«¿Puedo interrumpirte?», me preguntó mi mentor. «¿Por qué eliges solucionar tus puntos débiles en lugar de potenciar tus puntos fuertes?».

Luego me dijo que todas las personas más exitosas que conocía tenían muchos defectos y no perdían el tiempo intentando corregirlos. En lugar de eso, se centraban en las cosas en las que eran realmente buenos y las utilizaban para salir adelante. Mi mentor incluso enumeró con generosidad algunas de sus propias debilidades para demostrar su punto de vista, y destacó que tenía problemas con la creatividad y que se le daban fatal las tareas administrativas.

Me quedé literalmente atónita con su consejo. Recuerdo que me quedé allí sentada, parada en seco y tropezando con mis palabras, sin saber muy bien qué responder. Porque esta idea de dar prioridad a mis fortalezas y dejar de lado la necesidad de solucionar mis puntos débiles se oponía directamente a todo lo que me habían dicho sobre el éxito y la productividad.

En la escuela se elogiaba a las personas polifacéticas, y yo me dejaba la piel para encajar en esa categoría. Me elogiaban tanto por mi rendimiento en arte como en matemáticas, e incluso me eligieron como delegada de mi instituto (el puesto de liderazgo estudiantil más alto al que se puede acceder) por mi capacidad para compaginar las actividades extraescolares con mis estudios académicos. Lo que interioricé de mi época escolar fue que tenía que ser capaz de hacerlo todo para tener éxito. Mis experiencias en la universidad y al principio de mi carrera profesional no hacían más que corroborar esa creencia: me animaban sin cesar a buscar diversas oportunidades para reforzar mi experiencia y desarrollar mis puntos débiles. Y, sin embargo, alguien que sin duda tenía mucho éxito me decía que para triunfar tenía que centrarme en mis puntos fuertes, no en los débiles.

Me sentí como si me estuvieran contando un gran secreto. Seré sincera: a veces todavía me siento así. Porque sé, por el trabajo que hago como consultora y *coach*, que muchos de nosotros, y nosotras las mujeres en particular, seguimos adheridos a la idea de que tenemos que ser buenos en todo para salir adelante. Nos presionamos para ser más productivos porque creemos que no solo debemos hacerlo todo, sino que debemos hacerlo todo bien. Sacrificamos nuestro tiempo ya de por sí escaso para no parecer débiles o inadecuados. Permanecemos en silencio en las reuniones o nos abstenemos de solicitar ascensos por miedo a exponernos de alguna manera.

Y es fácil entender por qué: vivimos en un mundo en el que nuestra popularidad y simpatía siguen determinando en cierta medida nuestros niveles de éxito, especialmente en el caso de quienes pertenecen a un grupo marginado. Sin embargo, la investigación ha demostrado que si las mujeres muestran rasgos que suelen considerarse «masculinos», como la asertividad o una gran capacidad de liderazgo, pueden parecer menos amables o menos cariñosas, lo que a su vez reduce su puntuación de simpatía (Seo 2023). Con tantas expectativas puestas en las mujeres, no es de extrañar que nos desafiemos a nosotras mismas para encajar en el molde, pero estos dobles estándares imposibles demuestran que, por mucho que nos esforcemos, nunca es suficiente. ¿Qué pasaría si dejáramos de intentar ser geniales en todo y nos centráramos simplemente en potenciar nuestros puntos fuertes? ¿Qué pasaría si abrazáramos lo que somos en lugar de fingir ser alguien que no somos? Bueno, según parece por las investigaciones en el campo de la psicología positiva, muchas cosas cambiarían a mejor.

Los estudios han demostrado que centrarnos en nuestras fortalezas ayuda a construir un mayor bienestar, reducir la cantidad de estrés que experimentamos y mejorar nuestra vitalidad (Wood et al. 2011). Otras investigaciones de Gallup (s/f) han demostrado que, cuando sabemos cuáles son nuestros puntos fuertes, somos capaces de asociarnos mejor, lo que optimiza nuestra capacidad para trabajar en equipo. Pero ¿qué es lo realmente decisivo? Conocer y utilizar nuestros puntos fuertes con regularidad se relaciona con una mayor productividad. De hecho, un análisis de Gallup (2015) reveló que las personas que utilizan sus fortalezas todos los días tienen seis veces más de probabilidad de estar comprometidas en el trabajo y son al menos un 8 % más productivas que sus compañeros. No se puede obviar que utilizar nuestras fortalezas es clave para dominar un rendimiento sostenido. Los investigadores del campo de la psicología positiva teorizan que esto se debe a que el uso de nuestros puntos fuertes fomenta la tenacidad, reduce el estrés y aumenta la adaptabilidad, lo que facilita la perseverancia en nuestros objetivos, pero también a que requiere menos fuerza de voluntad seguir haciendo cosas que nos gustan.

Tuve esta experiencia cuando estudiaba un máster en psicología. El trabajo era difícil, por supuesto, y añadir una carrera a tiempo completo a una vida ya de por sí atareada significaba que tenía que hacer muchos malabares. Pero el programa estaba muy alineado con mis puntos fuertes de curiosidad, habilidades intrapersonales y comunicación, lo que significaba que me sentía con energía, motivada y capaz de abordar mis estudios con eficacia. Fue una experiencia muy distinta a la de mi licenciatura en economía, en la que a menudo tenía la sensación de tener que luchar contra mis puntos débiles para mantener el ritmo. Para mí, apoyarme en mis puntos fuertes y utilizarlos es como fluir con la marea y dejar que me lleve hacia delante en lugar de luchar para resistirme a ella.

Conocer y comprender nuestros puntos fuertes también puede ayudarnos a fijarnos objetivos más felices. Cuando comprendemos cuáles son nuestros puntos fuertes, es más probable que nos fijemos objetivos que signifiquen algo para nosotras y que nos acerquen a nuestra auténtica definición del éxito. Además, cuando empezamos a fijarnos objetivos que tienen que ver con potenciar nuestras fortalezas en lugar de intentar solucionar las debilidades, es mucho más probable que disfrutemos del proceso de perseguir esos objetivos.

Por ejemplo, mi clienta Heather quería comprar su primera casa. Heather tenía treinta y tantos años, y varios de sus amigos ya habían accedido a una pequeña propiedad, pero por mucho que anhelara la seguridad y la comodidad de tener una casa propia, el proceso de adquisición le resultaba abrumador. Por eso aplazaba cada vez más el momento de empezar, y se aferraba a cualquier posible obstáculo como motivo para retrasar su objetivo en la lista de tareas pendientes, hasta que pasaron los años y se dio cuenta de que no había hecho ningún progreso material.

Una de las cosas que más abrumaba a Heather era que sentía que el proceso de comprar su primera casa le exigiría superar sus debilidades. En el pasado le habían dicho que no era muy organizada y que le costaban los números y la administración detallada. La idea de tener que gestionar el proceso y hablar de sus finanzas con un agente hipotecario le parecía un trabajo duro e incómodo, así que lo dejaba para más adelante. Cuando empezamos a trabajar juntas, una de las primeras cosas que hicimos fue identificar los puntos fuertes de Heather y ver cómo podía utilizarlos para conseguir su objetivo. Por ejemplo, su punto fuerte era la creatividad, que le permitía ver más allá de una mala decoración, lo que la situaba en una buena posición para detectar una ganga, y también era muy hábil para reunir a las personas que podían ayudarla. Al centrarse en estos puntos fuertes en lugar de sentirse abrumada por las debilidades que percibía, Heather pudo encontrar tanto una nueva casa como a los profesionales jurídicos y financieros adecuados para ayudarla a gestionar el proceso.

Cuando abordamos nuestros objetivos desde la óptica de nuestros puntos fuertes, se nos abren nuevas perspectivas e ideas. Nos sentimos más seguras de nosotras mismas y disfrutamos más del proceso. Además, a menudo nos damos cuenta de que no necesitamos hacerlo todo solas, lo que puede resultar muy liberador. Parece que mi mentor de hace quince años estaba en lo cierto.

Déjalo ir

Los seres humanos tenemos un sesgo negativo, un resabio de nuestra época de cazadores-recolectores en la que detectar los riesgos era esencial para la supervivencia. Este sesgo puede ser mayor en las mujeres, dados los riesgos y las barreras a los que nos enfrentamos. Sin embargo, centrarnos demasiado en nuestras debilidades puede dañar nuestra confianza y nuestra productividad, y llevarnos a realizar actividades que no se ajustan a nuestras definiciones del éxito y del bienestar. Intenta identificar una debilidad que ya no desees solucionar y considera cómo podría cambiar tu vida aceptarla.

Por ejemplo, la organización es uno de mis puntos débiles. Durante años, he invertido tiempo, energía y dinero en intentar ser más organizada, y pasé fines de semana enteros reorganizando mi armario y una pequeña fortuna intentando encontrar la agenda perfecta que me mantuviera centrada. Ahora he aceptado que la organización nunca va a ser uno de mis puntos fuertes, y cuando es importante para mí tener un mayor sentido del orden —por ejemplo, la gestión de las finanzas y los impuestos de mi negocio— delego la tarea a alguien que tiene la organización como punto fuerte. Al aceptar esta debilidad y dejar de intentar arreglarla, he podido liberar más tiempo para centrarme en las cosas que se me dan bien y con las que disfruto, lo que me ha ayudado a ser más productiva.

Delegar o pedir ayuda puede ser un desafío para las mujeres, sobre todo si nos hemos criado en culturas o entornos en los que ser capaces de gestionarlo todo por nosotras mismas se considera una medalla de honor, y a veces intentamos perseverar en nuestras debilidades por este motivo. Este fue el caso de mi clienta Leela. En su cultura, el cuidado del hogar era una parte importante de ser una «buena» esposa, pero a ella le resultaba difícil estar al día de las tareas domésticas. Al principio, contratar ayuda le pareció a Leela una traición a sus raíces y una aceptación de que había fracasado como esposa. Sin embargo, al cabo de unos meses, su perspectiva cambió. Se sentía mucho más relajada y capaz de estar presente en su trabajo y en su relación, y también se sentía bien por poder apoyar el negocio de una profesional local.

Aceptar nuestras debilidades y trabajar en torno a ellas sin buscar solucionarlas puede resultar incómodo al principio, pero una cierta incomodidad a corto plazo es sin duda mejor que toda una vida intentando ir contra la corriente.

Identificar y potenciar tus fortalezas

Sabemos que utilizar nuestras fortalezas puede ayudarnos a ser más productivas, pero ¿cómo podemos identificarlas? Hay algunas preguntas y algunos ejercicios que me gusta realizar con mis clientes para que piensen en cuáles son sus puntos fuertes naturales. Puedes reservar algo de tiempo para explorar estos temas en tu diario, reunirte con amigas para discutirlos o simplemente reflexionar sobre ellos en los próximos días.

- ¿Qué tareas o actividades te dan energía?
- ¿Qué te gustaría hacer más y por qué?
- ¿En qué eras buena o qué disfrutabas hacer de niña?
- ¿En qué roles tiendes a caer? Por ejemplo, ¿eres la organizada que siempre planifica los eventos sociales, o la que sabe escuchar a la que todos acuden con sus problemas?
- ¿Qué comentarios positivos recibes con regularidad? ¿Por qué cualidades te elogian a menudo?
- Envía un mensaje de texto o un correo electrónico a algunas personas de tu vida y pídeles que te describan en cinco palabras. Cuando te dirijas a alguien, intenta que sea una parte representativa de tu vida. Por ejemplo, un colega, un ser querido cercano, una amiga, etc.
- Escribe lo que haces cada día, tanto en el ámbito personal como en el profesional. Destaca las actividades que te resultan más naturales. ¿Qué pueden decirte sobre tus puntos fuertes?

Una vez que hayas explorado estas preguntas y estos ejercicios, escribe una lista de tus fortalezas. A veces puede resultar incómodo ver nuestros puntos fuertes por escrito, sobre todo si nos han educado en la humildad, como a muchas mujeres. Pero identificarlos es el primer paso para apropiarse de ellos.

El siguiente paso es pensar cómo puedes poner más en práctica tus puntos fuertes. Esto es importante porque usarlos es lo que nos da esos beneficios que he descrito antes, no solo saber cuáles son.

De nuevo, sé que esto puede parecer difícil de hacer, sobre todo si es una idea novedosa o algo en lo que no has pensado mucho antes. Una tarea que puede ayudarte es repasar cada punto fuerte uno por uno y anotar una o dos formas en las que podrías utilizarlo más en tu vida diaria para estar más alegre y, en última instancia, ser más productiva. Piensa tanto en tu vida personal como profesional y permítete ser creativa. Aquí tienes algunos ejemplos:

- Si una de tus fortalezas es la creatividad, tal vez puedas plantearte el desafío de encontrar varias soluciones a un problema antes de decidir cuál es la más eficaz, o experimentar con una nueva forma de presentar la información. Además, puedes dar rienda suelta a tu creatividad en casa reorganizando una de las habitaciones o experimentando con un nuevo ejercicio de escritura en tu diario. Por último, a lo mejor puedes trabajar en un nuevo proyecto creativo, ya sea escribir una historia o pintar algo bonito: utilizar tu creatividad no consiste solo en dedicarte a las artes, ¡pero no hay razón para que no pueda ser así!

- Si una de tus fortalezas es la curiosidad, tal vez puedes tomar un café con alguien de otro equipo de trabajo y averiguar más sobre lo que hacen, o leer un libro o escuchar un pódcast sobre algo que siempre te ha interesado. Incluso podrías simplemente salir a dar un paseo por tu barrio, prestar atención a lo que ocurre a tu alrededor e intentar ver tu área local con otros ojos.
- Si tienes dotes de liderazgo, quizá podrías compartir palabras de ánimo con los demás y ayudarlos a ver el valor que añaden, o quizá podrías ofrecerte como voluntaria para dirigir un nuevo proyecto en el colegio de tus hijos. Incluso podrías tomar la iniciativa en la organización de tu próxima reunión familiar, establecer la visión del evento y comprometerte con otros miembros de la familia para que te ayuden a darle vida.

El objetivo aquí es simplemente adquirir el hábito de conectar con tus puntos fuertes y darte permiso para centrarte en potenciarlos en lugar de corregir tus puntos débiles.

Con el tiempo, te darás cuenta de que, al centrarte en utilizar tus fortalezas, empiezas a sentirte más alegre y más productiva. Lo he visto una y otra vez con mis clientes, y también lo noto en mi propia vida. Hace solo unas semanas, me sentía abrumada y como si me dirigiera a un pequeño episodio de agotamiento. Me tomé un tiempo para volver a conectar con mis puntos fuertes y pensar en cómo podría ponerlos más en práctica, y me di cuenta de que algunos de ellos, como la gratitud y la conexión, estaban infrautilizados. Mi sesgo negativo me decía que escribir una lista de agradecimientos o llamar a una amiga no eran acciones lo suficientemente importantes como para cambiar cómo me sentía, pero afortunadamente mi conocimiento de la ciencia me dio la motivación que necesitaba para hacerlo de todos modos. A los pocos días de comprometerme con esas fortalezas, me sentí con más energía y como la mejor y más auténtica versión de mí misma.

Como ya mencioné, las expectativas sociales y culturales pueden hacer que la tarea de identificar y apropiarse de las fortalezas resulte más difícil. Puede ser útil pensar en cómo las expectativas de género pueden haber moldeado tu percepción de tus puntos fuertes y débiles a lo largo del tiempo. Por ejemplo, tal vez te hayas contenido a la hora de apropiarte de tu punto fuerte de liderazgo porque eras muy consciente de las reacciones negativas y de la doble moral a la que se enfrentan las mujeres líderes. O tal vez te ha dado vergüenza asumir de forma plena tu capacidad de empatía porque has trabajado en un entorno en el que las habilidades técnicas se valoraban mucho más que las interpersonales. O tal vez no has sabido detectar tus puntos fuertes porque otra persona siempre ha hablado de ellos como debilidades. Por ejemplo, puede que te hayan reprendido por socializar demasiado en el trabajo en lugar de elogiarte por tu capacidad para relacionarte con otros equipos, o puede que tu afición a las manualidades siempre se haya considerado un pasatiempo menos importante que tus estudios académicos en lugar de una muestra de tu creatividad.

Según mi experiencia, una vez que te das cuenta de que tu percepción de tus fortalezas ha sido moldeada por fuerzas externas, es más fácil volver a lo que sientes que es más verdadero para ti. Abrazar nuestras verdaderas fortalezas y permitirnos aceptar quiénes somos en lugar de esforzarnos por ser alguien diferente no es solo un mejor uso de nuestra energía; es un acto de amor y de autocuidado que apoya nuestro bienestar y nuestra autoestima.

✹ Prueba *esto* ✹

Si quieres un poco más de ayuda para identificar cuáles son tus puntos fuertes, una gran herramienta es el cuestionario de Fortalezas del Carácter de VIA (*Characters Strengths survey* en inglés). Desarrollado por dos pesos pesados de la psicología positiva, el Dr. Christopher Peterson y el Dr. Martin Seligman (2004), el cuestionario de Fortalezas del Carácter te ayudará a identificar los aspectos positivos de tu personalidad que te hacen sentir más auténtica y comprometida. Lo que me gusta de esta encuesta es que hace hincapié en que posees las veinticuatro fortalezas del carácter, pero que tendrás preferencia por unas más que por otras, y así se crea tu propio perfil de fortalezas. El objetivo es simplemente darte cuenta de lo que te resulta más natural para que puedas aprovechar esas cualidades y habilidades. Puedes encontrar la encuesta aquí: https://www.viacharacter.org.

Los arquetipos de productividad y sus fortalezas

Antes de dejar que reflexiones sobre la identificación de tus fortalezas, quiero explorar cómo puede diferir tu relación con tus fortalezas en función de tu arquetipo de productividad y compartir algunos consejos y puntos para tener en cuenta que podrían ayudarte a utilizar más tus fortalezas.

LA HACEDORA

Las hacedoras suelen ser tenaces y están motivadas, y su mayor obstáculo a la hora de utilizar sus puntos fuertes es ser víctimas de la idea de que si algo es difícil de hacer, merece más la pena. Es una trampa en la que yo misma he caído muchas veces. Crecí escuchando las frases «nada que merezca la pena es fácil» y «si fuera fácil, todo el mundo lo haría», y las interioricé como que las cosas que me salen de forma natural merecen menos la pena. Pero no es así. Cuando eres buena en algo, puedes aportar más valor en el mismo tiempo que si trabajas en algo que no te sale de forma natural, y también te resultará más fácil seguir haciéndolo durante un periodo de tiempo prolongado.

Darme cuenta de esto ha supuesto un gran cambio en mi forma de enfocar las cosas en la vida. Permíteme ponerte el ejemplo del mantenimiento de mi forma física. Solía pensar que tenía que exigirme todo el tiempo para que mis esfuerzos merecieran la pena. Como resultado, me desafiaba a hacer algo extremo, como entrenar para una maratón o un evento de Tough Mudder. Pero siempre me costaba mantener la fuerza de voluntad necesaria para hacer algo que no me resultaba natural y, como resultado, mi rutina de ejercicios era en gran medida todo o nada. Hoy en día, me inclino por las cosas que me resultan más fáciles y agradables —salir a caminar o disfrutar de mi pasión por la natación— y me doy cuenta de que necesito mucha menos energía para mantener la constancia necesaria para sentirme bien.

Otro punto que las hacedoras deben tener en cuenta es que asumen tareas que no se ajustan a sus fortalezas, solo porque sienten que alguien debería hacer algo al respecto. Intenta resistirte a levantar la mano y ofrecerte como voluntaria para otro proyecto en tu próxima reunión de trabajo: lo más probable es que haya alguien mejor preparado para encargarse de ello, lo que significa que puedes centrarte en añadir valor a los proyectos en los que realmente puedes prosperar.

✹ Prueba *esto* ✹

Ponte el desafío de elegir la opción «fácil» durante la próxima semana. Observa cómo te hace sentir y cómo afecta a tu productividad. Tal vez te apetezca encontrar a otra hacedora con la que llevar a cabo este experimento para responsabilizarte más.

LA PERFECCIONISTA

Si te identificas como perfeccionista, lo más probable es que hayas sentido cierta resistencia durante la parte de este capítulo en la que te pedía que consideraras qué puntos débiles podrías dejar de intentar solucionar. En mi trabajo, he descubierto que las perfeccionistas se resisten especialmente a abandonar la idea de que tenemos que ser capaces de hacerlo todo para ser productivas o valiosas, y a menudo albergan secretamente la creencia de que serán ellas los que descifren la fórmula y sean perfectas en todo.

Si esta descripción te resulta familiar, tal vez este recordatorio pueda motivarte para cambiar: cuando te concentras en tus puntos fuertes, te vuelves mejor de lo que imaginas ahora mismo. Puede resultar difícil delegar en otros cuyas fortalezas sean más adecuadas para una tarea, sobre todo si te has pasado toda la vida esforzándote por ser polifacética, pero es un enfoque mucho más productivo. Déjame compartir contigo un ejemplo de mi clienta Leanne. Leanne se enorgullecía de ser una empleada modelo y de poder hacerlo todo, pero al ver que su capacidad se exprimía, se dio cuenta de que necesitaba hacer algunos cambios. Pidió a una compañera que la ayudara a elaborar unos informes que normalmente le llevaban horas, y al delegar ese trabajo de su lista de tareas pendientes, pudo dedicar más tiempo a la parte de su trabajo que se le daba mejor: desarrollar campañas de *marketing* audaces e impactantes. Liberar ese tiempo extra le dio una ventaja, y sus jefes no tardaron en darse cuenta. Leanne ascendió antes de lo que esperaba y se sintió con más energía y más comprometida en el trabajo.

Si te cuesta desprenderte por completo de una tarea porque te preocupa que otra persona no cumpla tus mismos requisitos, puedes plantearte ceder al menos parte de ella. Por ejemplo, si te molesta que tus hijos no laven y abrillanten la cristalería tan bien como tú, no dejes que eso sea un motivo para excusarlos de ayudarte: dejarlos que laven el 85 % de los platos y ayudarlos con los objetos de vidrio te devuelve más tiempo que si lo haces tú.

✸ Prueba *esto* ✸

Piensa en lo que puedes hacer si dejas de intentar superar tus puntos débiles. ¿En qué puedes ser la mejor si dejas de intentar ser buena en todo?

LA SOÑADORA

He tenido el placer de ayudar a muchas soñadoras durante mi carrera como *coach*, y el mayor desafío al que parecen enfrentarse cuando se trata de este tema es ver plenamente el potencial de sus fortalezas. Permíteme compartir contigo la experiencia de mi clienta Emma. Emma tiene todos los puntos fuertes que imaginas que posee una soñadora: es creativa, puede resolver problemas de forma innovadora y se le da muy bien ayudar a los demás a ver el panorama general. El problema con el que nos encontramos cuando empezamos a trabajar juntas no fue identificar estos puntos fuertes, sino ayudar a Emma a ver el valor que tienen.

A lo largo de su formación y de los primeros años de su carrera profesional, Emma recibió comentarios que desdeñaban sus puntos fuertes. Le dijeron que tenía que centrarse menos en su creatividad y más en sus estudios académicos, y que tenía que mejorar su capacidad de llevar a cabo proyectos y terminarlos en lugar de soñar con ideas para otros nuevos. Todo esto llevó a Emma a creer que sus puntos fuertes no valían nada, algo que no podía estar más lejos de la realidad. También sintió cierta vergüenza al querer utilizar sus fortalezas, porque los demás las habían menospreciado. Cada vez que sentía el impulso de explorar un nuevo proyecto, oía en su cabeza las voces de otras personas que le decían que le faltaba compromiso o que tenía la cabeza en las nubes, lo cual contribuía a que Emma quisiera esconder sus puntos fuertes. Resulta frustrante que, como mujeres, a menudo se nos diga que nuestras habilidades son frívolas o menos valiosas que las que se consideran más «masculinas»; incluso el mero hecho de que llamemos habilidades suaves a las que se relacionan con el cuidado y la comunicación pone de manifiesto cómo las percibe la sociedad. Pero lo cierto es que en nuestras comunidades necesitamos todo un espectro de competencias para prosperar.

Durante el tiempo que pasamos trabajando juntas, Emma pudo ver el valor que podía añadir en diferentes áreas de su vida si se apoyaba en sus puntos fuertes, lo que supuso un gran impulso para su confianza y redujo la cantidad de tiempo que pasaba cuestionando sus capacidades.

✹ Prueba *esto* ✹

Si te cuesta ver el valor de tus fortalezas, busca a alguien a quien admires y que posea los mismos puntos fuertes que tú.

¿Qué te inspira de esa persona? ¿Cómo utiliza sus puntos fuertes para influir de forma positiva en el mundo?

LA PROCRASTINADORA

Como hemos comentado antes, las procrastinadoras pueden tener un sesgo de negatividad más fuerte que los demás arquetipos de productividad. Esto puede significar que les cueste detectar sus fortalezas y que a veces incluso caigan en la trampa de ver sus puntos fuertes como debilidades, y creen que necesitan hacer grandes cambios antes de poder ser las personas que quieren ser o emprender las acciones que desean.

Te pondré un ejemplo. Mi clienta Lydia trabaja como redactora para una agencia de *marketing*. Hemos estado trabajando juntas para ayudarla a dar el siguiente paso en su carrera y, en una reciente llamada de *coaching*, Lydia me dijo que necesitaba ser más asertiva para poder optar a puestos de mayor rango. En nuestra conversación, me reveló que una vez le habían dicho que no hablaba lo suficiente en las reuniones, y ella había interiorizado que eso significaba que era demasiado tímida, lo que identificó como una debilidad que tenía que superar. Cuando analizamos esto juntas, quedó claro que Lydia no es tímida ni poco asertiva, sino que tiene una gran capacidad para escuchar y se preocupa mucho por atender lo que los demás dicen en las reuniones. Se ha esforzado mucho por perfeccionar estas habilidades, que la ayudan a recopilar toda la información posible durante el proceso de reunión informativa creativa y la hacen mejor en su trabajo. Ser capaz de identificar que se trata de un punto fuerte y no de una debilidad a superar ayudó a Lydia a darse cuenta de que está mejor preparada para solicitar un ascenso de lo que había creído en un principio.

✹ Prueba *esto* ✹

Identifica tres de tus debilidades percibidas y desafíate a ti misma a verlas como fortalezas. Puedes ver algunos ejemplos a continuación:

- Si te falta atención a los detalles, tal vez esto podría significar que tienes una fortaleza para generar ideas o ver el panorama general.

- Si en el pasado te ha costado lidiar con los conflictos, tal vez se deba a que tienes altos niveles de empatía.
- Si te cuesta ser flexible, quizá sea porque te motiva cumplir un plazo o entregar un proyecto a tiempo.

Como ya hemos comentado muchas veces en este libro, todas somos diferentes y únicas. Espero que estés empezando a ver que esto es algo brillante, no algo que haya que cambiar o de lo que haya que preocuparse. Así como todas las personas tenemos diferentes definiciones del éxito, todas tenemos diferentes fortalezas que nos ayudan a conseguirlo. Abrazar esas fortalezas es una forma de celebrar nuestra singularidad y añadir más alegría a nuestras vidas.

Es hora de rechazar la idea de que algunos puntos fuertes son más valiosos que otros. Es hora de abandonar la idea de que tenemos que ser «perfectas» y que no debemos tener ningún punto débil para ser felices. La verdadera realización depende de tu capacidad para aceptar y abrazar quién eres, y abrazar tus puntos fuertes es una parte vital de ello. Sí, te hará más productiva, pero también te volverá más feliz y segura de ti misma.

Tus puntos fuertes son las cosas que te iluminan, las gloriosas peculiaridades y genialidades que te hacen ser tú misma. Cuando empiezas a volcar tu energía en potenciarlas en lugar de intentar constantemente arreglar tus puntos débiles, tu potencial es ilimitado.

RECAPITULEMOS

- ✿ Conocer y utilizar nuestras fortalezas puede ayudarnos a acceder a toda una serie de beneficios, como aumentar la productividad y mejorar el bienestar.
- ✿ Tratar de corregir nuestros puntos débiles a menudo nos hace menos productivas y también repercute de forma negativa en nuestra confianza.
- ✿ Como mujeres, nos enfrentamos a ciertas expectativas o dobles estándares que pueden hacer que sea más difícil abrazar nuestras fortalezas, pero dejar ir lo que nos han enseñado puede ayudarnos a vivir una vida más alegre y plena.
- ✿ Todas tenemos diferentes bloqueos que nos impiden identificar y utilizar nuestras fortalezas, que suelen estar influidos por nuestros arquetipos de productividad.

CAPÍTULO 8:

ABRAZA LA MEZCLA Y ENCUENTRA EL FLUJO

No siempre he trabajado como *coach* y profesional de la psicología positiva. De hecho, como mencioné antes en el libro, pasé la primera década de mi carrera escalando posiciones en organizaciones globales como The Walt Disney Company. Durante ese tiempo, el equilibrio era escurridizo. Sin duda, el trabajo era el centro de mi vida, y todo lo demás quedaba relegado a un segundo plano.

Podría decir que esta falta de equilibrio era inevitable dado el tipo de carrera que estaba siguiendo, pero no estoy segura de que eso sea cierto al cien por cien. Por supuesto, había elementos de mis funciones que me obligaban a dedicar una gran parte de mi tiempo al trabajo. Por ejemplo, tenía que viajar mucho, lo que me consumía las tardes y los fines de semana. Además, trabajar con compañeros de distintos países me obligaba a estar disponible fuera del horario de oficina. Sin embargo, también había caído en la trampa del trabajo duro, de la que ya hablé en el primer capítulo, y me convencía a mí misma de que trabajar cincuenta o sesenta horas semanales y responder a correos electrónicos las veinticuatro horas del día significaba que yo era importante, que estaba motivada y que tenía más probabilidades de tener éxito. Mirando hacia atrás, veo que mi inclinación a dar prioridad al trabajo por encima de todo lo demás también estaba probablemente influida por la etapa de la vida en la que me encontraba. Tener veintitantos años significaba, en primer lugar, que no tenía muchas otras responsabilidades que me exigieran tiempo o atención y, en segundo lugar, que sentía que tenía algo que demostrar.

Sin embargo, trabajar de esta manera durante un período de tiempo tan largo me pasó factura, y experimenté múltiples episodios de agotamiento. Cuando dejé mi carrera corporativa en 2019 para desarrollar mi propia práctica de *coaching*, juré que finalmente me comprometería a lograr ese escurridizo equilibrio entre el trabajo y la vida personal del que había escuchado a otras personas hablar con entusiasmo. Y, voy a ser honesta, pensé que sería un esfuerzo fácil. Todas las cosas que me habían frenado antes —tener que impresionar a un jefe, no tener control sobre mi tiempo, tener en cuenta los plazos y las agendas de otras personas— habían desaparecido. Tenía total libertad de horarios y compromisos. ¿Seguro que dedicar la misma cantidad de tiempo y energía a lo profesional y a lo personal sería sencillo ahora?

Rápidamente me di cuenta de que no. Empecé bien. Me encantaba poder empezar a trabajar un poco más tarde para poder salir a dar un largo paseo cada mañana, e intentaba tomarme alguna tarde libre para recoger a mi sobrino del colegio, dos cosas que había soñado poder hacer mientras me preparaba para el cambio. Pero al cabo de uno o dos meses, mi agenda estaba tan llena como en mis anteriores trabajos. Pasaba largos días en mi despacho trabajando en el *marketing* y en la administración de mi empresa antes de atender a mis clientes de *coaching* por las tardes y los fines de semana por la mañana. Y me resultaba más difícil que nunca desconectar, pues aprendí rápido que cuando construyes algo desde cero, siempre hay algo que hacer.

Lo admito, me sentía una fracasada. Me había propuesto crear una mayor sensación de equilibrio en mi vida y, sin embargo, me había encontrado trabajando incluso más de lo que lo había hecho en mis funciones corporativas. Y esa sensación de fracaso jugó en mi contra. Me preocupaba constantemente mi falta de equilibrio entre el trabajo y la vida personal, y pasaba mucho tiempo buscando trucos y consejos para intentar que las cosas fueran más armoniosas. Irónicamente, era tiempo que podría haber dedicado a pasar con mi familia o a dar prioridad a los momentos de cuidado personal.

Un día quedé con una vieja amiga para tomar un café. Ella siempre me ha inspirado, pero yo admiraba especialmente cómo había sido capaz de mantener una carrera ambiciosa y, al mismo tiempo, dedicar mucho tiempo a su familia y a sus pasatiempos. Pero cuando le pregunté cómo mantenía el equilibrio entre el trabajo y la vida personal, se rio. «No tengo un equilibrio entre el trabajo y la vida privada», me dijo. «Cada semana es diferente. Algunas semanas no salgo de la oficina hasta tarde y otras falto a reuniones porque mis hijos me necesitan. Así es la vida. Fluye y refluye. El equilibrio es imposible». Luego pasó a explicar que, en lugar de luchar por el equilibrio entre el trabajo y la vida personal (un objetivo que le producía tanta ansiedad como a mí), ahora adopta una mezcla de ambos y acepta que nunca encontrará la armonía perfecta y, en su lugar, se presenta para lo que sea su mayor prioridad en un momento dado.

Esto me tocó la fibra sensible. Me encontraba en las primeras fases de la creación y el desarrollo de una empresa, así que, por supuesto, mi trabajo iba a exigirme mucho en esta etapa de mi vida. Pero me di cuenta de que si mantenía en mente la idea de conciliar el trabajo y la vida personal, también habría momentos en los que podría dar un paso atrás y estar más presente para mis otras prioridades y pasiones. Y sabía que mi energía también fluiría y refluiría. Habría temporadas en las que estaría inspirada y dispuesta a darlo todo en mi trabajo y otras en las que sentiría la necesidad de descansar y retirarme o de recargar las pilas de alguna otra manera. En lugar de esforzarme por conseguir una rutina o un horario que me permitiera alcanzar el equilibrio perfecto, me ablandé con la idea de mezclar las diferentes áreas de mi trabajo y mi vida. Acepté que la mezcla sería diferente en función de lo que sucediera en cada momento.

Fijarme el nuevo objetivo de mezclar el trabajo y la vida personal no fue un remedio de la noche a la mañana, pero con el tiempo me permitió liberarme de parte de la culpa y la preocupación que cargaba. Al aceptar que el equilibrio entre el trabajo y la vida personal es un mito, dejé de sentirme una fracasada cuando pasaba un largo día en mi escritorio o durante las semanas en las que tenía que faltar al trabajo porque mi vida personal requería más atención. Salir de ese ciclo de vergüenza y culpa me resultó muy liberador e, irónicamente, me ayudó a encontrar la paz que tanto ansiaba.

Por qué odio la frase «equilibrio entre el trabajo y la vida privada»

Sé que no soy la única persona que ha permitido que la búsqueda de un equilibrio entre el trabajo y la vida personal le genere estrés adicional, porque es algo que surge a menudo con mis clientes de *coaching*. Al igual que yo, compran la idea de que para tener éxito tenemos que lograr ese equilibrio perfecto. Ellos también creen que la mejor manera de gestionar la presión de tenerlo todo es establecer una rutina a prueba de errores. Ellos también se dejan llevar por todos los consejos y trucos que se repiten en los medios de comunicación: ¡No mires el correo electrónico el fin de semana! ¡Reserva una hora para comer en tu agenda! ¡Comunica tus límites a tu jefe! Pero esos consejos, al igual que la expresión «equilibrio entre el trabajo y la vida privada», son increíblemente reduccionistas e ignoran las enormes complejidades y los matices a los que todos nos enfrentamos.

La frase «equilibrio entre el trabajo y la vida privada» implica que intentamos equilibrar solo dos cosas: el trabajo y la vida. Sin embargo, todos sabemos que cada una de esas áreas puede contener un amplio abanico de prioridades y exigencias. El trabajo es un cajón de sastre para los proyectos, las reuniones, el desarrollo personal, la formación y mucho más. Por no hablar de la vida, que abarca todo, desde el hogar hasta la salud, desde la familia hasta los pasatiempos y todo lo que hay en medio.

Y la palabra «equilibrio» implica que deberíamos dedicar el mismo tiempo y la misma energía a cada una de ellas, algo que no es posible o tal vez ni siquiera deseable para la mayoría de las mujeres. Sé por mi trabajo con mis clientas que algunas aspiran a trabajar lo menos posible y así tener más tiempo para dedicar a sus hijos o a sus pasatiempos, mientras que otras disfrutan tanto de su trabajo que están contentas de dedicarle más atención que a otras áreas de su vida. Y lo que es más importante, el peso que damos a cada una de ellas puede cambiar a lo largo de la vida, en función de nuestras experiencias y circunstancias. Por ejemplo, ahora mismo me encuentro en una etapa de mi vida en la que soy madre de una niña pequeña, lo que significa que mi categoría de «vida» está bastante llena, y los juegos, la dentición y la carga práctica del cuidado ocupan la mayor parte de mi tiempo. Sin embargo, cuando mi hija empiece a ir al colegio dentro de unos años, sé que el péndulo empezará a oscilar en la otra dirección, y el trabajo podría ocupar más de mi atención.

El lenguaje que utilizamos no refleja la realidad que veo en mi vida, en la de mis amigas o en la de mis clientes. ¿Cómo logras el equilibrio perfecto cuando cuidas de una niña con necesidades adicionales y al mismo tiempo intentas llegar a fin de mes en lo económico? ¿Cómo logras el equilibrio perfecto cuando tienes que gestionar un problema de salud y, al mismo tiempo, intentas rendir en la carrera profesional? ¿Cómo logras el equilibrio perfecto cuando experimentas un complicado proceso de fertilidad o afrontas un despido?

Todas nos enfrentamos a desafíos diferentes y complejos. Es esencial reconocerlo, ya que a menudo gastamos tiempo y energía intentando conseguir algo que puede ser imposible o que ni siquiera se alinea con nuestros deseos. Nos disponemos a fracasar y, cuando lo hacemos, en lugar de detenernos a preguntarnos por qué, lo interiorizamos como un fracaso personal, como hice yo en los primeros días de mi negocio. Es hora de dejar de esforzarnos por cosas que no nos sirven y, en su lugar, canalizar esa energía en hacer las cosas y abrazar la mezcla. Quizás descubras que, como resultado, acabas sintiéndote más equilibrada.

✹ Prueba *esto* ✹

Piensa en tus tareas y tus responsabilidades en el trabajo, tus deberes domésticos, tus responsabilidades como cuidadora, tus pasatiempos, tus relaciones, la forma en que cuidas de tu salud, las acciones que llevas a cabo para alcanzar tus objetivos personales y cualquier otra cosa que se te ocurra. No olvides pensar también en la carga mental, y ten en cuenta aspectos como la gestión de los compromisos sociales de tus hijos, el mantenimiento de los lazos familiares y el contacto con los amigos. Escribe una lista de todo lo que intentas equilibrar.

Después, reflexiona sobre tu lista. ¿Qué sientes al verlo todo escrito?

Te invito a realizar esta tarea por dos motivos. En primer lugar, te ayudará a empezar a identificar qué es importante incluir en tu mezcla actual. Pero yo espero que —y a lo mejor es lo más importante— veas por escrito que todo lo que intentas equilibrar te ayudará a practicar una mayor autocompasión. La vida es dura y hay mucho que equilibrar. Estamos sobrecargadas de trabajo visible e invisible, y las expectativas que se depositan en nosotras son enormes. No dejes que esos trucos reductores del equilibrio te hagan olvidarlo.

Abrazar la mezcla

Cinco años después de poner en marcha mi propio negocio, creía que estaba haciendo un trabajo perfecto al abrazar la mezcla de trabajo y vida privada. Y entonces me convertí en madre. De repente, me encontré con una nueva gran prioridad y me di cuenta de que la mezcla de trabajo y vida personal que había adoptado en los últimos años tenía que cambiar. Para ser sincera, a pesar de que todo el mundo me había advertido del tiempo que consumen los niños durante el embarazo, no estaba preparada para el impacto que iba a tener en mi vida. También he visto lo mismo con mis clientes de *coaching*. Pongamos a Rachel como ejemplo. Su mezcla siempre había estado muy inclinada hacia su trabajo, y eso le parecía estupendo. Le encantaba la carrera que estaba construyendo y, dado que muchos de sus compañeros también se habían convertido en buenos amigos, para ella tenía sentido pasar mucho tiempo socializando con ellos también fuera del trabajo. Sin embargo, unos problemas de salud inesperados obligaron a Rachel a hacer grandes cambios y a reducir su jornada a tiempo parcial para poder asistir a las citas hospitalarias y recuperarse. El trabajo le ocupaba menos tiempo de su mezcla, así que tuvo que decidir en qué quería ocupar ese tiempo y redefinir qué era el éxito en esta etapa de su vida. Redescubrió su amor por la lectura, algo que le había proporcionado mucha alegría de niña, y también empezó a pasar más tiempo al aire libre. Una vez que Rachel volvió a trabajar a tiempo completo, se encontró ajustando esa mezcla una vez más, y se aseguró de proteger sus nuevos pasatiempos y su salud mientras prestaba más atención a la carrera que amaba.

Es probable que nuestra mezcla de trabajo y vida personal pase por cientos de iteraciones a lo largo de nuestras vidas, a medida que nos enfrentamos a prioridades y dificultades cambiantes e identificamos cambios. Cada estación traerá su propia mezcla, y lo único que importa es que nos aseguremos de decidirla con intención en lugar de luchar por un equilibrio arbitrario. Y si te preguntas cómo puedes averiguar cuál es tu mezcla de trabajo y vida personal y qué es lo más importante para ti en esta estación de la vida, tengo un proceso que puede ayudarte.

Cuatro pasos para construir tu mezcla

Existen cuatro pasos clave para construir tu mezcla. Llevo años utilizando este proceso con mis clientes de *coaching* y en sesiones de formación corporativa. Está diseñado para ayudarte a averiguar qué es lo que quieres que destaque más en tu mezcla y luego encontrar formas de reducir el tiempo y la energía que necesitas dedicar a todo lo demás.

Te guiaré paso a paso:

Primer paso para construir tu mezcla: priorizar

El primer paso es identificar cuáles son tus prioridades. Tómate un momento para revisar la lista que hiciste antes de todo lo que intentas equilibrar y reflexiona sobre lo que es más importante para ti en esta época de la vida, e identifica dos o tres áreas en las que quieras dar lo mejor de ti. Recuerda: no tienes que dar lo mejor de ti en todo. De hecho, es imposible hacerlo. Acostúmbrate a centrarte en las cosas que son más importantes para ti y acepta que puedes hacer un buen trabajo en todo lo demás.

También quiero recordarte que tú puedes ser una de tus prioridades. A menudo, como mujeres, nos sentimos culpables por dar prioridad a nuestras propias necesidades y dedicar un tiempo precioso al cuidado personal, pero es esencial que lo hagamos. Como dice el refrán, «no se puede servir de una taza vacía», y el éxito no es éxito si requiere que te machaques para conseguirlo.

Una buena forma de empezar a identificar tus prioridades es pensar en cómo quieres sentirte ahora y en los próximos meses y trabajar hacia atrás a partir de tu respuesta. Por ejemplo, si quieres sentirte realizada, completar un gran proyecto de trabajo podría ser una de tus prioridades, o si quieres sentirte alegre, tal vez conectar con tus seres queridos o practicar la gratitud ocupen un lugar en tu lista.

Algunas cosas que debes recordar cuando identifiques tus prioridades:

- Habrá más de dos o tres cosas que te importen, pero es fundamental priorizar y elegir las cosas que más te importa hacer bien.
- Tus prioridades pueden cambiar con el tiempo. No necesitas decidir cuáles son tus mayores prioridades para el resto de tu vida. Simplemente nos estamos centrando en la temporada en la que te encuentras ahora mismo, sin mirar más allá de tres meses por

adelantado. Por ejemplo, cuando estoy escribiendo un libro, es una de mis mayores prioridades. Pero cuando haya terminado un borrador, mi mezcla cambiará, y trabajar en mi forma física o dedicar más tiempo a mis pasatiempos podría ocupar su lugar.

- Intenta dejar de lado las comparaciones a la hora de identificar tus prioridades y, en su lugar, sintoniza con lo que te resulta más auténtico. Nunca sentirás que tu mezcla está funcionando para ti si estás ocupada esforzándote por los objetivos de otra persona. En su lugar, mantente conectada con tu propia definición del éxito.
- Puedes elegir cosas como la alegría y el descanso como prioridades: no todo tiene que ser completar proyectos o alcanzar objetivos. Tu bienestar y tu felicidad son tan (¡o más!) importantes como cualquier otro resultado.

Segundo paso para construir tu mezcla: racionalizar

Los tres pasos siguientes para averiguar tu mezcla consisten en explorar los cambios que puedes hacer para liberar más tiempo y energía para las prioridades que has identificado, y vas a empezar por ver dónde puedes racionalizar las cosas. La idea con este paso es pensar en dónde puedes tomar las energías mentales y físicas necesarias para hacer las cosas de tu lista de tareas pendientes y redirigirlas hacia tus prioridades.

Empieza por mirar la lista de cosas que intentas equilibrar y piensa si hay algo que pueda facilitar el cumplimiento de tus compromisos. Puede que haya cosas obvias que puedas hacer. Por ejemplo, puedes cocinar por tandas para facilitar la preparación de las comidas o automatizar el pago de las facturas. Pero piensa también fuera de lo común, a ver si se te ocurren otras ideas para reducir tu gasto energético.

Por ejemplo, al hablar de este paso con mi clienta Ali, me contó que gastaba mucha energía mental en decidir cuándo iba a hacer ejercicio y qué tipo de ejercicio iba a hacer. Todos los días se llevaba el equipo de entrenamiento al trabajo y se pasaba todo el día pensando si iría al gimnasio después de la jornada laboral. Empezaba diciéndose a sí misma que iría, pero a medida que avanzaba el día y aumentaban sus niveles de estrés, se cuestionaba esa decisión y se preguntaba si no sería mejor irse directamente a casa y relajarse. A menudo, este baile mental que hacía a lo largo del día le exigía más energía que el propio entrenamiento. Cuando se dio cuenta de ello, Ali decidió empezar a entrenar por las mañanas para poder acabar de una vez y eliminar el proceso de toma de decisiones que tanta energía le consumía cada día.

Algunas cosas que pueden ayudar a racionalizar el proceso:

- Pensar en dónde estás gastando mucha energía pero no obtienes mucha alegría a cambio es a menudo un buen lugar para centrarte en la racionalización. ¡Recuerda que puedes utilizar la alegría como uno de los indicadores del éxito!

- Considera qué puede estar obstaculizando el tipo de descanso que deseas. Por ejemplo, si te apetece recargarte mentalmente, puede que te apetezca simplemente leer los titulares de las noticias en lugar de comprometerte a leer el artículo completo, lo que te liberará más tiempo para actividades más rejuvenecedoras.
- Pregunta a tus amigas o seres queridos cómo hacen más llevaderas sus listas de tareas. A veces hay trucos sencillos justo delante de nosotras que pasamos por alto al estar tan ocupadas.
- El propio acto de racionalizar puede ser aburrido y arduo (por ejemplo, crear un plan de comidas o configurar tu cuenta bancaria *online*). Para cultivar la motivación necesaria para pasar a la acción, piensa en cómo utilizarás el tiempo que ahorres. ¿Qué experiencias alegres o relajantes puedes incorporar a su vida como resultado de la racionalización?

Tercer paso para construir tu mezcla: compartir

El tercer paso es pensar dónde puedes compartir la carga. Ahora bien, quiero adelantarme a este paso advirtiéndote que es aquí donde veo que mis clientes experimentan más resistencia, sobre todo si se identifican como personas complacientes o se enorgullecen de poder hacerlo todo por sí mismas, como les ocurre a muchas mujeres. Pero en realidad creo que el tercer paso es el más importante para las mujeres en particular, ya que a menudo asumimos más cargas mentales, emocionales y prácticas que nuestros homólogos masculinos, a veces sin darnos cuenta.

Por ejemplo, hace poco impartí un taller sobre el uso de este proceso en una organización, y una miembro del equipo compartió que se había dado cuenta de que había estado asumiendo toda la responsabilidad de hacer que la Navidad fuera mágica para sus hijos. Ella era la que compraba los regalos, reservaba las entradas para ver a Papá Noel, organizaba los juegos festivos, compraba los calendarios de adviento y, por supuesto, se aseguraba de que el día en sí transcurriera sin problemas. Aunque le encantaba ser la artífice de la magia, también se sentía abrumada por tener que añadir tantas cosas a su lista de tareas durante un periodo de mucho trabajo. Se dio cuenta de que su pareja nunca le había pedido que asumiera toda la responsabilidad y, de hecho, había intentado ayudarla en numerosas ocasiones, pero ella se había resistido a ceder el control.

Es posible que hayas tenido una experiencia similar. Tal vez aumentes tu carga de trabajo porque crees que eso te hará parecer más competente, o tal vez te ocupes más de las tareas domésticas porque te preocupa que las personas que viven contigo o los miembros de tu familia no estén a la altura de tus exigencias. Tal vez te sientas culpable por la escasez de trabajo y añadas más tareas a tu lista para compensar; por ejemplo, intentas hacer muchas actividades con tus hijos el fin de semana porque te sientes mal por no estar tan presente durante la semana laboral. A veces incluso puede parecer que mantener todo en tu lista de tareas pendientes es más productivo, sobre todo si te llevaría tiempo informar o entrenar a otra persona para que te apoye. Pero cuando no estamos dispuestas a compartir la carga, tenemos menos tiempo para las cosas que nos ayudan a alcanzar nuestras visiones del éxito.

Estas son algunas de las cosas a tener en cuenta mientras exploras dónde podrías compartir la carga:

- Pedir ayuda a alguien no significa que le estés imponiendo una carga. Piensa en lo bien que te sientes cuando alguien confía en ti lo suficiente como para pedirte ayuda. Si nunca la pides, estás negando esa sensación a tus seres queridos.
- También puede ser bueno considerar en qué casos pedir ayuda a alguien te daría una sensación de propósito: por ejemplo, tu vecino jubilado puede sentirse muy bien si le pides que te ayude a cortar el césped, ya que le da un enfoque a su día y lo hace sentirse necesitado.
- Sé honesta sobre la ayuda que puedes estar dejando sobre la mesa. A menudo oigo a personas decir que no tienen apoyo cuando en realidad hay otras cosas que les impiden acceder a ese apoyo, como el orgullo, la preocupación o la culpa.
- A veces, compartir la carga puede implicar una transacción financiera. Por ejemplo, puedes decidir pagar a alguien para que te lave el coche en vez de lavarlo tú misma si así tienes más tiempo para dedicar a tus prioridades.

Cuarto paso para construir tu mezcla: soltar (o hacer una pausa)

El último paso en la racionalización es considerar lo que puedes eliminar por completo de tu lista, ya sea para siempre o para esta temporada de la vida. Este es otro paso que puede crear cierto temor o resistencia. Cuando les pido a las personas que consideren lo que pueden soltar, a menudo me encuentro con una respuesta: «Nada. Todo es importante y hay que hacerlo». Pero normalmente hay al menos algo en lo que estamos invirtiendo tiempo que podemos dejar ir, y, si no, entonces sí que podemos elegir en qué hacer una pausa para ayudarnos a navegar por la temporada en la que estamos.

Permíteme compartir contigo algunos ejemplos. Mi clienta Stacey era una de esas personas que creen que no hay nada que puedan soltar. Sin embargo, cuando profundizamos un poco más en el destino de su tiempo, se dio cuenta de que pasaba mucho más tiempo en las redes sociales de lo que había pensado en un principio. Como trabajaba en *marketing*, no podía eliminar las aplicaciones por completo (y no quería hacerlo, ya que disfrutaba al consumir contenido que la inspiraba), pero en su lugar estableció algunos límites en cuanto al tiempo que podía pasar en las redes sociales cada día y así poder liberar más tiempo para sus prioridades. Trabajé con otra clienta, Emily, durante la pandemia. Habíamos empezado 2020 trazando sus objetivos para el año, uno de ellos era completar una media maratón. Sin embargo, cuando se produjo el primer aislamiento, se encontró rápidamente con un aumento de la carga de trabajo y la nueva responsabilidad de educar a sus hijos en casa. Encontrar tiempo para salir a entrenar era cada vez más difícil, y el sentimiento de culpa por no poder hacerlo se apoderaba de ella. Al utilizar este proceso de cuatro pasos e identificar cuáles eran sus prioridades en esa época de la vida, Emily se dio permiso para hacer una pausa en su objetivo de correr una media maratón y liberó energía mental y física para otras cosas que le importaban. (Volvió a su objetivo original más adelante ese mismo año, cuando cambió la mezcla de su trabajo y vida personal ¡y superó con creces su primera media maratón!).

Y aquí va un ejemplo de mi propia vida. Cuando nació mi hija, me regalaron unos bonitos diarios del bebé, de esos que se rellenan cada mes y sirven para anotar los hitos más importantes. La vida era tan atareada que nunca me ponía a rellenar el diario y olvidaba rápidamente las fechas o las anotaciones que debía hacer. Me sentía muy culpable por no llevar estos registros para mi hija, sobre todo cuando me comparaba con otras madres que parecían ser capaces de hacerlo sin estrés, pero con el tiempo acepté que me importaba más estar presente para ella en el momento que conservar todos nuestros recuerdos a la perfección. Doné los diarios y encontré mi propia forma de registrar nuestros recuerdos, y me liberé de la idea de la perfección.

Estas son algunas cosas que debes tener en cuenta cuando pienses en lo que quieres soltar o poner en pausa:

- ¿Hay algo en tu lista que estés haciendo porque crees que deberías estar haciéndolo? A menudo les digo a mis clientes que la palabra «debería» es una asesina de la alegría. Si estás haciendo algo por obligación y no porque tenga algún significado para ti, probablemente serías más feliz y productiva si te desprendieras de ello.
- Hacer una pausa puede ser útil si hay algo que te gustaría soltar, así no te sientes tan comprometida o condenada al fracaso. Asegúrate

de fijar una fecha y una hora para revisar cómo te ha funcionado la pausa.

Ahora que hemos repasado los cuatro pasos para crear tu mezcla, anota tus ideas sobre las acciones que puedes emprender para abordar cada paso del proceso.

Priorizar	Racionalizar

Compartir	Soltar

Un apunte sobre establecer límites

Hasta ahora, en este capítulo hemos reflexionado sobre cómo podemos gestionar mejor las cosas que tenemos entre manos. Pero si queremos ser capaces de abrazar la mezcla del trabajo y la vida personal de forma que podamos respetar nuestras prioridades y alcanzar nuestras propias definiciones del éxito, también tenemos que hablar de un tema que puede hacer que muchas personas se sientan incómodas: establecer límites.

Establecer límites puede parecer intimidante e incluso inseguro si nunca te han enseñado a hacerlo, pero son una parte esencial de una vida alegre y productiva. Establecer —y honrar— nuestros límites nos ayuda a reducir el estrés, mejorar nuestra salud emocional y protegernos del agotamiento. Y los límites pueden ayudar a mejorar nuestras relaciones, algo que puede parecer contraintuitivo para una persona complaciente, pero que tiene sentido cuando nos detenemos a pensarlo. Si honramos nuestro propio tiempo, nuestra energía y nuestras prioridades, cuando atendemos a los demás es más probable que seamos pacientes, amables y estemos presentes, en lugar de estresadas y resentidas. De hecho, Brené Brown (2021) afirma que, según sus investigaciones, los límites son un requisito previo para la empatía y la compasión.

En mi experiencia en el lugar de trabajo y apoyando a mis clientes de *coaching*, parece que a las mujeres les cuesta más establecer límites que a los hombres, algo que parece estar respaldado por la investigación. Desde pequeñas socializamos a nuestras hijas para que den prioridad a las necesidades de los demás: basta con pasearse por el pasillo de los juguetes en cualquier tienda para ver la sección de las niñas repleta de muñecas y juguetes de rol de crianza, mientras que los niños se quedan con los vehículos y los dinosaurios. Y las mujeres también se enfrentan a lo que Sheryl Sandberg denomina en su libro, *Vayamos adelante (Lean In): Las mujeres, el trabajo y la voluntad de liderar* (2013), la «penalización de la simpatía»: en pocas palabras, esperamos que los hombres sean asertivos, por lo que nos parece natural cuando lo son, mientras que esperamos que las mujeres sean amables y se centren en la comunidad, por lo que cuando afirmamos nuestros límites, corremos el riesgo de gustar menos. Y, como ya hemos dicho, la simpatía influye en nuestras posibilidades de éxito en el trabajo.

Así que sí, hay algunos obstáculos muy reales que nos impiden establecer límites, pero son una parte esencial de la construcción de una vida productiva y alegre y del cuidado de nuestro propio bienestar. Si no tienes ni idea de por dónde empezar a identificar y poner límites que te ayuden a conseguir tus objetivos, tengo un pequeño proceso muy útil que puede ayudarte. Lo utilizo al menos una vez a la semana en mi vida y espero que a ti también te resulte útil.

Primer paso para establecer límites: identificar la necesidad

Aquí es donde puedes revisar las prioridades que has esbozado antes o tu definición más amplia del éxito. ¿Para qué quieres o necesitas más tiempo y energía?

Por ejemplo, ahora mismo necesito más tiempo para mí. Tener una hija pequeña y un negocio próspero significa que no suelo tener mucho tiempo para descansar y recargar pilas, pero es una gran prioridad para mí en esta época de la vida.

Segundo paso para establecer límites: identificar los límites

Piensa en lo que te impide centrarte en tus prioridades. ¿Qué puede ayudarte a evitar los obstáculos que te impiden centrarte en tus prioridades y evitar que la gente invada tu tiempo?

Siguiendo con mi ejemplo anterior, el límite que necesito establecer es crear una separación más clara entre el trabajo y la vida personal. Por ejemplo, no consultar el correo electrónico a partir de cierta hora del día y comunicar a los clientes cuánto tiempo pueden esperar mi respuesta para poder desconectar cuando no estoy en mi escritorio.

Tercer paso para establecer límites: identificar los beneficios

Tómate un tiempo para reflexionar sobre lo que hay al otro lado de los límites para ti. ¿Qué mejorará si proteges tu tiempo y tu energía? También puede ser útil pensar qué podría mejorar para las cosas y las personas que te importan; por ejemplo, ¿cómo podrían beneficiarse tu empresa o tu familia de que establezcas los límites?

Sé que, si consigo establecer un límite claro entre el trabajo y la vida personal, seré una madre mucho más presente y tendré menos ganas de mirar el teléfono. También significa que mis clientes recibirán un mejor servicio de mi parte, ya que sus respuestas estarán mejor pensadas en lugar de ser improvisadas mientras intento hacer la comida a mi hija. Por último, sé que me sentiré más tranquila y que me resultará más fácil estar presente en las cosas que me hacen feliz.

Cuarto paso para establecer límites: activar y reflexionar

Por último, establece los límites y toma medidas para mantenerlos. Recuerda que aquí nos centramos en el paso más pequeño, en lugar de lanzarnos de cabeza a cualquier cambio audaz. Una vez que hayas establecido el límite y estés trabajando para que se mantenga firme, tómate un tiempo para reflexionar sobre lo que has aprendido. ¿Es el límite correcto? ¿Es necesario modificarlo o sustituirlo por otro?

Cuando ya he establecido mi límite de trabajo, lo reviso dentro de un par de semanas para ver cómo va. Puede que me dé cuenta de que quiero cambiar los tiempos que implica el límite, o puede que reconozca que necesito comunicarme de forma más clara con los demás. En cualquier caso, sé que disponer de este tiempo para reflexionar es esencial si quiero mantener el límite.

Recuerda: no existe el límite perfecto, y es probable que los límites que necesites cambien en función de la época del año en la que te encuentres y de la mezcla de trabajo y vida personal que estés intentando conseguir.

Una de las cosas que más les cuesta a mis clientes es comunicar sus límites a otras personas. Esto puede resultar especialmente difícil si en el pasado has tenido dificultades para hacer valer tus propias necesidades. He desarrollado una fórmula que puede ayudarte a expresar tus necesidades y límites con palabras. Es así:

«Me siento... cuando... porque... por lo tanto, necesito...».

He aquí algunos ejemplos:

- «Me siento abrumada cuando tengo demasiados planes sociales porque también estoy teniendo una época muy ocupada en el trabajo. Por lo tanto, necesito proteger mis fines de semana durante los próximos meses mientras entrego este proyecto, lo que significa que no podré ir a tu fiesta de cumpleaños. ¡Gracias de nuevo por la invitación y que lo pases muy bien!».
- «Me siento estresada cuando me comprometo demasiado económicamente, ya que estoy intentando ahorrar para cambiar de casa. Por lo tanto, tengo que saltarme el viaje a la playa este año, pero estaré deseando unirme de nuevo el año que viene».
- «Me siento confundida cuando asumo demasiados proyectos nuevos en el trabajo porque me cuesta saber dónde concentrar mi tiempo y mi energía. Por lo tanto, necesito que me ayudes a aclarar las prioridades y a ver de qué recursos extra disponemos para ayudarnos a cumplir nuestros objetivos como equipo».

Cuando comunicas tus necesidades con claridad, es difícil que alguien discuta tus límites, y te ayudará a mantenerlos con más eficacia.

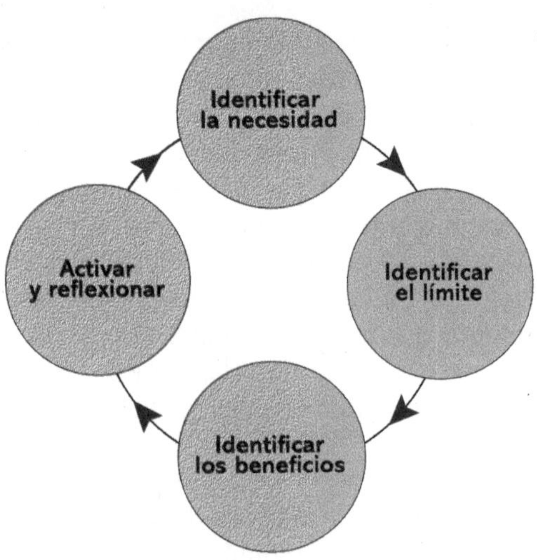

Encontrar tu flujo

Antes de explorar algunos consejos sobre cómo adoptar una mezcla de trabajo y vida personal en función de tu arquetipo de productividad, hay un último tema que quiero explorar, y es el concepto de flujo. Coloquialmente conocido como «estar en la zona», el flujo se refiere a un estado en el que una persona está totalmente inmersa en una sensación de concentración energizada y disfrute. Es un ingrediente increíblemente importante para una productividad alegre. Las investigaciones demuestran que entrar en un estado de flujo aumenta nuestra concentración, mejora el volumen y la calidad de nuestra producción, crea una sensación de disfrute y mejora nuestro bienestar.

Es importante tener en cuenta estos beneficios al considerar la idea de abrazar la mezcla, porque demuestran la importancia de bajar el ritmo y centrarse en una cosa a la vez, en lugar de intentar equilibrarlo todo de forma armoniosa y revolotear de una tarea a otra. Esto es especialmente importante dado que las mujeres pueden sentirse más presionadas a realizar varias tareas a la vez para gestionar todas las demandas que compiten por su tiempo. Además, creo que lo que muchas de nosotras buscamos cuando nos fijamos el objetivo del equilibrio —una sensación de concentración, claridad y armonía— puede lograrse experimentando un estado de flujo.

Según Mihaly Csikszentmihalyi (1989), el psicólogo positivo que dirigió la mayor parte de la investigación sobre el concepto de flujo, hay algunos requisitos clave que deben cumplirse para entrar en este estado:

- Debe importarte la tarea que tienes entre manos y debes estar motivada para completarla. En otras palabras, debe ser una prioridad o un objetivo que sientas auténtico, en lugar de algo que sientas que debes completar.
- Debe haber un equilibrio entre desafío y habilidad. Si la tarea es demasiado fácil, te aburrirás y te distraerás; si es demasiado difícil, es más probable que la dejes para más tarde o te rindas. Tienes que ser capaz de utilizar tus puntos fuertes, pero también de ampliar un poco tu zona de confort.
- Debes estar motivada por el proceso, no solo por el resultado. Centrarse únicamente en el logro no es tan eficaz como disfrutar de la experiencia de llegar a él.
- Debes encontrar una sensación de disfrute en la tarea, aunque no disfrutes de todos los elementos.

El proceso de escribir este libro me permitió entrar en un estado de flujo. Me importa mucho el contenido de este libro y presentarlo al mundo de una forma accesible. Escribir este libro es algo que quería hacer, no algo que estaba en mi lista de cosas por hacer porque sentía que debía alcanzar ese objetivo. Escribí mi primer libro hace unos años, y eso me permitió perfeccionar mis habilidades, y tengo una amplia experiencia tratando los temas de este libro. Sin embargo, presentar la investigación de forma interesante y construir una narración convincente sigue siendo todo un desafío. Me motiva el proceso de escribir el libro, ya que me permite reflexionar con mayor profundidad sobre temas a los que de otro modo quizá no tendría la oportunidad de dedicar tanto tiempo de investigación. A veces me cuesta encontrar tiempo para sentarme a escribir, pero lo cierto es que disfruto al hacerlo. Todos estos factores me ayudan a encontrar la fluidez, lo que a su vez me ayuda a ser productiva, a encontrar la alegría y a experimentar los otros beneficios que antes se enumeraron.

HAZLO A TU MANERA

Piensa en algún momento en el que hayas experimentado un estado de flujo. ¿Qué estaba ocurriendo? ¿Cómo era tu entorno? ¿Qué puedes aprender de esa experiencia?

A continuación, echa otro vistazo a la lista de cosas que intentas equilibrar y piensa qué elementos o actividades podrían ofrecerte la oportunidad de entrar en un estado de flujo.

Abrazar la mezcla según tu arquetipo de productividad

Hemos tratado muchas cosas en este capítulo, pero antes de terminar, quiero compartir algunos consejos y puntos a tener en cuenta para cada arquetipo de productividad cuando se trata de abrazar la mezcla y encontrar tu flujo.

LA HACEDORA

Si te identificas como una hacedora, ten cuidado de no dejar que la búsqueda del equilibrio signifique que acabes añadiendo más cosas a tu lista.

Permíteme compartir un pequeño ejemplo de mi propia vida. En una de mis funciones anteriores, tenía que pasar una o dos noches a la semana en Londres para poder estar presente en nuestra oficina central. Pasaba tres horas viajando antes de una larga jornada de reuniones con clientes y a menudo tenía que estar de vuelta en la oficina antes de las ocho de la mañana del día siguiente, pero en lugar de ir a mi hotel a descansar y recargar las pilas por la noche, siempre intentaba hacer un hueco para cenar con amigas o visitar una exposición o un espectáculo. Intentaba convencerme de que ver a mis amigas o hacer algo relacionado con la cultura significaba que estaba logrando una especie de equilibrio entre el trabajo y la vida privada, pero la verdad es que me estaba exigiendo más de lo que podía. Mi prioridad en esta temporada era el trabajo, y necesitaba recargar las pilas para dar lo mejor de mí. Hubiera sido mucho más sostenible para mí adoptar el enfoque de la mezcla del que hablamos en este capítulo, y dedicar mi tiempo y mi atención al trabajo mientras estaba en Londres y luego dedicarme más a mi vida personal durante el resto de la semana, o reservar un viaje para volver a Londres en mi tiempo libre durante una temporada en la que la conexión o el ocio fueran más prioritarios para mí.

LA PERFECCIONISTA

Si te identificas como una persona perfeccionista, es probable que tu mayor obstáculo sea aceptar la realidad de que nunca encontrarás una mezcla perfecta de trabajo y vida personal. Esto será especialmente cierto si has pasado la mayor parte de tu vida hasta la fecha esforzándote por encontrar esa mezcla perfecta, siempre con la creencia de que estabas a un paso, o si te han educado para dar especial importancia a la idea de tenerlo todo, y creías que podías ser al mismo tiempo una madre, esposa, colega y amiga «perfecta». Pero créeme cuando te digo que si buscas una mezcla que funcione para ti, no solo serás más productiva, sino que también experimentarás más alegría y plenitud. Este fue el caso de mi clienta Holly, una perfeccionista clásica a la que le resultaba difícil alejarse de sus horarios codificados por colores y de sus días repletos de trabajo. Sin embargo, se comprometió a seguir el proceso «Construye tu mezcla» que compartí en este capítulo, y eso la ayudó a centrarse más en las cosas que eran importantes para ella, es decir, cumplir sus objetivos principales en el trabajo y, al mismo tiempo, viajar todo lo posible. Empezó a dedicar tiempo a estar plenamente presente en sus viajes, en lugar de tratar de incluir los correos electrónicos o el desarrollo personal como había hecho antes. Como consecuencia, volvió al trabajo descansada y creativa, lo que a su vez la ayudó a ser más productiva.

LA SOÑADORA

De las soñadoras con las que he trabajado, el mayor desafío al que se enfrentan es el síndrome de la «urraca brillante», también conocido como «distraerse con nuevos objetivos y prioridades antes de haber tenido la oportunidad de cumplir plenamente los anteriores». Si esto te suena, lo más importante que puedes hacer es tener muy claras tus prioridades para la temporada en la que te encuentres y comprometerte con ellas. He descubierto que algo que funciona para las soñadoras a las que les brindo *coaching* es establecer un marco temporal más corto e identificar las prioridades para ese periodo. Por ejemplo, tomar el próximo mes y ser específica sobre las dos o tres cosas a las que quieres dedicar más tiempo y energía. A continuación, anota en una lista cualquier otra cosa que se te ocurra mientras trabajas en esas prioridades, o cualquier idea nueva que se te ocurra. De este modo, podrás confiar en que no olvidarás las ideas y tendrás un punto de partida para reevaluar tu mezcla.

LA PROCRASTINADORA

Por último, si te identificas como una procrastinadora, puede que te resistas a compartir la carga o a racionalizar las tareas, ya que no hacerlo te proporciona un conjunto de actividades en las que sumergirte cada vez que quieras postergar tus prioridades. Sumergirse en esas tareas puede parecer mucho menos abrumador que enfrentarse a los objetivos que crearán un gran cambio para ti, por lo que es totalmente natural querer tenerlas a mano, pero si lo haces será un desafío crear el cambio que quieres lograr. Puede ser útil responsabilizarse de completar esos pasos trabajando en ellos con otra persona. Esto es lo que hizo mi clienta Amy: completó el proceso «Construye tu mezcla» con su hermana, que pudo actuar como compañera de responsabilidad y comprobar cómo le iba. El hecho de que su hermana también conociera las principales prioridades de Amy significaba que Amy tenía a alguien que le recordaba lo que era más importante para ella y que comprobaba sus progresos.

A menudo digo que uno de los mayores privilegios de ser *coach* es que puedo asomarme a las bambalinas de la vida de otras personas. He tenido el honor de apoyar a una gran variedad de mujeres que han logrado todo tipo de cosas increíbles, y quiero decirte una cosa: nunca he encontrado a nadie con un equilibrio o una rutina perfectos. Las mujeres más exitosas, alegres y sanas que conozco admiten que sus vidas son desordenadas y a menudo caóticas, con prioridades que cambian de una semana a otra o de un mes a otro. Puede que anhelemos la rutina, el equilibrio y la previsibilidad, pero la verdad es que, para la mayoría de nosotras, la vida rara vez nos ofrece las condiciones que lo hacen posible. Las cargas de trabajo varían, nuestros hijos enferman, experimentamos los cambios estacionales y cíclicos que hemos analizado en capítulos anteriores, y muchas cosas más.

Tenemos que dejar de ceñirnos a un estándar imposible, y tenemos que liberarnos de la culpa y la vergüenza que pueden surgir cuando nuestras vidas parecen y se sienten un poco más desordenadas de lo que creemos que deberían. Cuando adoptamos un enfoque más fluido e indulgente a la hora de gestionar nuestro tiempo y nuestra energía, no solo tenemos más posibilidades de alcanzar nuestras propias definiciones del éxito en cualquier momento de la vida en el que nos encontremos, sino que también honramos nuestra humanidad. No somos robots, y tenemos que dejar de esperar que actuemos como tales. En lugar de eso, confía en que tu intuición te guiará para encontrar una mezcla que funcione para ti. Puede que la vida te resulte más armoniosa y alegre.

RECAPITULEMOS

- ✿El equilibrio entre el trabajo y la vida privada es una ambición reductora, que no tiene en cuenta los muchos desafíos y compromisos que tenemos y nuestras fluctuantes prioridades.
- ✿Aprender a adoptar una mezcla de trabajo y vida personal puede ayudarnos no solo a vivir más en armonía, sino también a reducir la culpa y la preocupación, que pueden ser mental y físicamente agotadoras.
- ✿El proceso en cuatro pasos de priorizar, racionalizar, compartir y soltar (o hacer una pausa) puede ayudarnos a identificar dónde centrar nuestro tiempo y energía en cualquier época de la vida.
- ✿Establecer límites y encontrar la fluidez también son herramientas útiles para abrazar la mezcla.

3

CAPÍTULO 9:

DESCUBRE EL MÉTODO DE LA ALEGRÍA

Cuando le propuse este libro a mi editor, mi principal prioridad era asegurarme de que fuera práctico y aplicable. Llevo mucho tiempo observando cómo las mujeres persiguen las versiones del éxito de otras personas, y se sienten miserables o se enferman en el proceso. Llevo demasiado tiempo viendo cómo las estructuras patriarcales y capitalistas en las que vivimos nos atrapan en un ciclo tóxico de productividad. He escuchado a demasiadas mujeres que me decían que ellas eran el problema, que si fueran más productivas, disciplinadas o centradas, por fin podrían ser felices.

Espero que a estas alturas te hayas dado cuenta de que nosotras no somos el problema, y espero que te sientas entusiasmada por abordar la productividad y el éxito de una forma nueva. Pero también imagino que estás muy cansada. El mero hecho de que hayas cogido este libro sugiere que probablemente eres una mujer con muchas cosas entre manos, y que te sientes ocupada y abrumada. Es probable que te sientas tironeada en muchas direcciones, e intentes satisfacer demandas que compiten entre sí, al tiempo que gestionas tu propio bienestar y tus deseos en el proceso. Sé por experiencia que cuando te encuentras en ese estado, puede ser difícil saber por dónde empezar y cómo poner en práctica la nueva información.

A menudo me he encontrado leyendo un libro, pensando: «Vaya, esto va a cambiar mi vida», solo para luchar por recordar los puntos clave unas semanas más tarde. No quiero que tengas esa experiencia con este libro. Como probablemente hayas deducido de lo que has leído hasta ahora, me apasiona profundamente transformar la manera en que vemos y experimentamos la productividad. Me comprometo a ayudarte a hacer cambios duraderos que te lleven a tener más alegría y éxito auténtico en tu vida.

Por eso dedico el resto de este libro a guiarte a través del proceso de creación de un plan de acción personalizado, uno que no solo mejore tu productividad, sino que también garantice que el viaje te resulte alegre, útil y sostenible. Nos aseguraremos de que tu plan se adapte a tus experiencias, a tu personalidad y a tus circunstancias particulares porque, como ya hemos dicho, un enfoque único para todas rara vez conduce a los resultados deseados. También exploraremos cómo puedes adaptar tu plan a las diferentes estaciones y los distintos ciclos energéticos que encontrarás a lo largo de tu vida.

El enfoque que utilizaremos es el que yo llamo el «Método de la alegría». Es un esquema que he aplicado sistemáticamente en mi propia vida y que me ha ayudado a conseguir objetivos grandes y pequeños: desde terminar mi máster y escribir mi primer libro hasta crear un hábito de ejercicio constante y dedicar más tiempo a mis pasatiempos. También he utilizado este método con cientos de clientes, a los que he ayudado a diseñar la vida que realmente quieren vivir. Porque de eso se trata la productividad alegre: no de acumular logros porque sí, sino de hacer cambios significativos que te permitan centrarte más en lo que más importa.

Lo llamo el Método de la alegría porque hace hincapié en la importancia de experimentarla durante todo el proceso de cambio y consecución de objetivos. Todos los pasos de este método se basan en la alegría porque, como ya te habrás dado cuenta, cuando la tenemos como nuestra estrella polar, todo lo que nos importa se vuelve más manejable y satisfactorio. Como mujeres, a veces necesitamos que nos recuerden que debemos priorizar nuestra propia alegría en lugar de anteponer siempre las necesidades de los demás. También entrelaza los temas y las herramientas que hemos tratado en capítulos anteriores, desde abrazar tu intuición y tus puntos fuertes únicos hasta honrar tus ciclos energéticos y encontrar la fluidez.

En este capítulo, te guiaré a través de cada paso del Método de la alegría en detalle, y haré referencia a algunas de las herramientas que hemos comentado hasta ahora y demostraré cómo encajan en el marco general. Después, en el siguiente capítulo, te orientaré sobre cómo aplicar el Método de la alegría a tu propia vida, con especial atención a cómo adaptarlo a tu arquetipo de productividad específico. ¡Empecemos!

Introducción al Método de la alegría

El Método de la alegría tiene cuatro pasos:

1. Definir el éxito para ti
2. Identificar tus fortalezas y tus estrategias

3. Actuar con alegría
4. Reflexionar y aprender

Cada uno de estos pasos se basa en la alegría. Trabajar en ellos por turnos te ayudará no solo a hacer más cosas, sino también a asegurarte de que estás dedicando tus esfuerzos a hacer las cosas correctas, las que harán que tu vida se sienta más alegre.

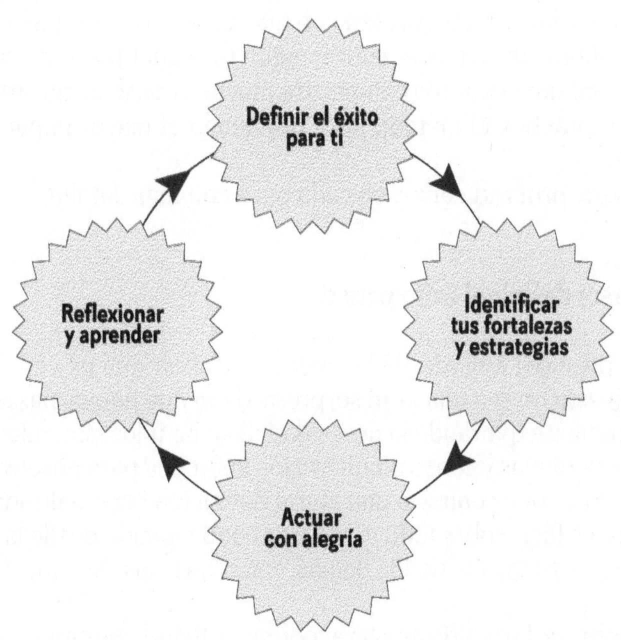

Notarás en el diagrama anterior que los pasos se repiten, y siempre se alimentan unos a otros. Esto se debe a que el Método de la alegría es un proceso iterativo: cada vez que trabajes a través de los cuatro pasos, aprenderás algo nuevo que puede remodelar tu visión del éxito o ayudarte a desarrollar nuevas fortalezas o estrategias que pueden inspirar nuevas acciones. Además, la vida cambia y nosotras también.

Una parte fundamental para vivir una vida alegre es reconocerlo y mantenerse flexible a medida que atravesamos las diferentes estaciones, y este método lo reconoce. Si queremos experimentar la alegría, no podemos poner toda nuestra energía en conseguir una especie de «felices para siempre». En lugar de eso, debemos esforzarnos por dar prioridad a las cosas más importantes para nosotras en la estación en la que nos hallemos, y encontrar la alegría cuando nos ocupemos de lo que encabeza nuestra lista.

Puedes utilizar el Método de la alegría para conseguir cualquier cosa que te propongas y sentirte más feliz y productiva en su consecución, tanto si te propones un gran objetivo en la vida, como cambiar de profesión o comprar tu primera casa, como si te propones algo más pequeño, por ejemplo, empezar un pasatiempo nuevo o mejorar tu forma física. Encontrarás algunos ejemplos ilustrativos de mi propia experiencia y la de mis clientes entretejidos a lo largo de los pasos e integrados al final del capítulo.

Es esencial que prestes la atención que necesita a cada paso. Es probable que prefieras unos pasos a otros según tu arquetipo de productividad, pero en el próximo capítulo compartiré muchos consejos que te ayudarán a poner en práctica el método para que tenga el mayor impacto posible en tu vida.

Por ahora, profundicemos en cada paso con más detalle.

Primer paso: definir el éxito para ti

El primer paso del Método de la alegría es definir qué es el éxito para ti. Puede que esto no sea una gran sorpresa, dado que hemos pasado los primeros capítulos explorando la necesidad de dejar ir los marcadores de éxito de otras personas y construir una visión auténtica para nosotras mismas. Sin embargo, sé que ceñirse a una nueva definición personalizada del éxito no siempre es fácil, sobre todo si nos han condicionado desde la infancia a cumplir las expectativas de los demás, como nos sucede a muchas de nosotras.

Y lo sé porque he tenido mucha experiencia fijándome objetivos sin tener nunca en cuenta cuál era mi propia definición del éxito. Era especialmente vulnerable a este enfoque cuando se trataba de mi carrera profesional. Cuando me sentía estancada o frustrada en el trabajo (que era más a menudo de lo que me gustaría admitir), intentaba revitalizarme metiéndome de cabeza en nuevos objetivos. A veces, el objetivo era conseguir un nuevo trabajo o un ascenso. Otras veces, se trataba de desarrollar una nueva habilidad o de intentar forjar mi reputación dentro de la organización. Lo que nunca hacía era pararme a preguntarme por qué me fijaba esos objetivos o qué esperaba conseguir al tacharlos de la lista.

Sin embargo, esa falta de reflexión no me impidió alcanzar mis metas. A los veintiocho años tenía en mi *currículum* algunas de las mayores marcas mundiales y dirigía un equipo de ochenta personas. Había viajado a lugares increíbles como parte de mi trabajo y había conseguido un paquete de beneficios que mi yo adolescente nunca hubiera soñado que fuera posible, y mi puesto de trabajo siempre se ganaba una inclinación de cabeza como señal de respeto. Había conseguido algunos logros profesionales impresionantes, pero no me sentía exitosa. Lo que sentía era una sensación de claustrofobia. Cuanto más subía, más se me exigía y menos segura estaba de que eso fuera lo que quería. Esa sensación de incertidumbre, combinada con múltiples episodios de agotamiento, me dejó en una situación delicada. Mi ansiedad era máxima, mi confianza estaba por los suelos y me faltaba propósito y sentido.

Esto es lo que ocurre cuando no definimos el éxito en nuestros propios términos, cuando en su lugar perseguimos la versión del éxito que nos ha presentado la sociedad o las personas que nos rodean. Al intentar seguir el ritmo de los demás o probarnos a nosotras mismas de alguna manera, nos hundimos y sacrificamos nuestra propia felicidad y nuestra salud en el proceso. Como nunca me había tomado el tiempo de comprobar y aclarar lo que realmente quería, no importaba lo mucho que consiguiera o lo productiva que fuera: nunca me sentía alegre ni satisfecha. Puede que te haya sucedido algo parecido. Cuando nos encontramos en esa situación en la que nos afanamos por conseguir un objetivo que ni siquiera estamos seguras de querer alcanzar, no hay ningún truco de productividad o de gestión del tiempo que nos ayude. Lo que necesitamos es tener clara nuestra propia definición del éxito.

Solo cuando me tomé el tiempo de averiguar cómo quería definir el éxito en mi carrera pude empezar a concentrar mi energía y mi esfuerzo en las acciones que marcarían una verdadera diferencia. Como resultado, mi productividad se disparó. Cuando sabes por qué quieres lograr algo, y cuando puedes confiar en que hacerlo añadirá más alegría a tu vida, no necesitas depender de la fuerza de voluntad o de la disciplina para lograrlo. Y eso es lo que me encanta del Método de la alegría: no se trata de ser menos ambiciosa si eso no te parece bien. (Yo he conseguido más en mi carrera desde que tengo clara mi definición del éxito de lo que hubiera podido conseguir antes). Por el contrario, se trata de centrar tu ambición en las cosas correctas. Para mí, entender esto supuso un cambio radical, y sé que para ti también lo será.

Así que empezamos el Método de la alegría definiendo lo que quieres lograr o cambiar y aclarando cómo será el éxito. Y como habrás adivinado por lo que ya has leído, vamos a poner mucho énfasis en asegurarnos de que te centres en tu versión del éxito, no en la que te han enseñado a perseguir o la que te ayudará a seguir el ritmo de tus compañeros. Porque solo cuando nos esforzamos por conseguir nuestros propios objetivos nos sentimos más alegres y realizadas.

Un buen punto de partida para saber dónde concentrar tu energía es volver a revisar los ejercicios del Capítulo 3. (Si aún no has tenido la oportunidad de completarlos, ¡ahora es el momento!). Comienza con el ejercicio «Prueba esto» de la página 59. ¿Qué área de tu vida te parecía menos exitosa cuando utilizabas la alegría como medida del éxito? Dedica algún tiempo a explorar los cambios o los objetivos que podrían ayudarte a mejorar tu puntuación. El otro ejercicio que merece la pena revisar es el de «El mejor yo posible» en la página 66. Tus respuestas a ese ejercicio deberían contener algunas pistas muy claras sobre los cambios o los objetivos en los que podrías trabajar para empezar a hacer que tu vida sea más alegre y auténticamente exitosa.

Una vez que hayas identificado un objetivo o un cambio que te gustaría alcanzar con el Método de la alegría, debes tener en cuenta otros dos aspectos importantes. El primero es tener claro por qué quieres lograr este objetivo específico y el segundo es tener claro cómo sabrás que has tenido éxito.

Es fundamental que tengas claras las razones de tu objetivo por dos motivos. En primer lugar, te ayudará a evaluar si es algo que realmente te parece importante y auténtico. Si puedes explicar con entusiasmo por qué quieres hacer los cambios que has esbozado o alcanzar un determinado objetivo, y si puedes ver con claridad cómo te acercará a tu definición del éxito, sabrás con seguridad que es algo que realmente quieres y no solo algo que persigues porque sientes que debes hacerlo o porque quieres seguir el ritmo o impresionar a otra persona.

Por ejemplo, después de realizar algunos de los ejercicios que he compartido contigo en este libro, mi clienta Lucy decidió que para ella el éxito era mudarse a la costa. Le encanta estar junto al mar, y siempre se sentía más alegre y con los pies en la tierra cuando visitaba a su amiga que vivía en una ciudad costera, pero aún tenía algunas dudas sobre si era el cambio adecuado para ella, dado que su carrera estaba asentada en Londres, donde había vivido los últimos diez años. Sin embargo, cuando le pedí que me aclarara por qué quería trasladarse, me habló con pasión de su deseo de ir más despacio, de estar en la naturaleza, de pasar más tiempo haciendo las cosas que le dan alegría, en lugar de dejar que su agenda se viera totalmente consumida por el trabajo. Su respuesta a esa pregunta fue tan natural y sincera que pudo sentirse más segura de haber dado con el objetivo y la definición del éxito adecuados para ella.

La otra razón por la que es importante explorar el porqué de tu objetivo es que te ayudará a motivarte para pasar a la acción. Hablaremos más sobre cómo pasar a la acción en un paso posterior, pero si tienes claras las razones por las que trabajar para conseguir tu objetivo te beneficiará, te resultará mucho más fácil mantener la inspiración y el compromiso durante el proceso de cambio. Lucy lo comprobó. Hubo muchos momentos en los que le pareció que el hecho de cambiar de vida y mudarse a horas de distancia de todo lo que conocía era demasiado duro, pero recordar que todo su esfuerzo le facilitaría la desaceleración que estaba deseando le dio un poco más de entusiasmo cuando más lo necesitaba.

Otra cosa importante que hay que hacer cuando hayas esbozado la meta o el cambio que te gustaría hacer es dejar claro cómo sabrás cuándo has tenido éxito. Seguramente habrás oído que hacer que nuestras metas y nuestros objetivos sean mensurables es una parte fundamental para poder alcanzarlos, ¡y este caso no es diferente! Si no tienes algunos marcadores de éxito que puedas comprobar a lo largo del camino, será difícil medir el progreso que estás haciendo y, lo que es peor, podrías perderte ese glorioso momento de darte cuenta de que has conseguido algo por lo que llevabas mucho tiempo esforzándote.

Hay algo en el proceso de establecer medidas o marcadores tangibles que puede hacernos volver a esas viejas creencias sobre la productividad y convencernos de que tenemos que fijarnos objetivos audaces o impresionantes para que nuestros esfuerzos merezcan la pena. Quiero recordarte que mantengas la alegría como centro de atención y que te des permiso para fijarte objetivos claros que te ayuden a alcanzar tu versión del éxito de una forma agradable.

Permíteme darte un ejemplo de mi propia vida. Anteriormente mencioné que pasé muchos años fijando metas para mi carrera que no estaban arraigadas en mi propia versión del éxito. En 2018 cambié eso, y después de hacer mucho trabajo explorando qué era lo más importante para mí y qué me aportaría más alegría, decidí hacer un cambio de carrera y volver a formarme como *coach* y psicóloga. A la hora de fijarme unos marcadores cuantificables para saber si había alcanzado mi versión del éxito, mi cerebro recurrió de forma automática a los objetivos profesionales clásicos, como alcanzar un determinado objetivo de ingresos o contratar a un cierto número de clientes. Pero cuando me desafié a mí misma a pensar realmente en cómo sabría que había alcanzado mi versión del éxito, la respuesta fue diferente: sabría que había tenido éxito cuando tuviera la flexibilidad y la libertad de terminar pronto el trabajo y recoger a mi sobrino del colegio. Sabría que había tenido éxito cuando pudiera mirar atrás en mi semana y saber que mi trabajo había tenido un impacto positivo. Esbozar esas medidas de éxito antes de embarcarme en ese cambio significaba que podía evitar distraerme con objetivos o logros que no eran mi prioridad número uno y que cuando estaba en la puerta del colegio esperando a mi sobrino, o cuando cerraba mi portátil un viernes por la tarde ,consciente de que había sido capaz de ayudar de verdad a mis clientes, podía celebrar ese momento y disfrutar de la sensación de éxito.

Tal vez te resulte útil anotar en algún sitio tanto tus porqués como tus marcadores de éxito, de modo que puedas volver a ellos cuando los necesites.

Aquí tienes algunos puntos más que debes tener en cuenta a la hora de definir tu versión del éxito:

- Piensa en tu mezcla. ¿Qué necesitas priorizar para lograr tu objetivo, y qué podrías racionalizar, compartir o soltar para crear tiempo y energía para esas prioridades?
- Sé consciente de cómo influyen las expectativas y las experiencias sociales. Intenta dejar de lado lo que te convertirá en una «buena» chica, hija, madre o amiga (o cualquier otro título) y, en su lugar, sintoniza con tus propios deseos.
- Si te quedas en blanco a la hora de fijar un objetivo, piensa en cómo quieres sentirte y qué acciones o cambios te ayudarían a cultivar ese sentimiento. Cuando estaba planeando mi cambio de carrera, no siempre sabía los detalles exactos de lo que quería que contuviera mi nueva carrera, pero sabía que quería sentirme más libre y alegre en mi trabajo, y eso me dio una buena base desde la que explorar algunos cambios. Del mismo modo, trabajé con una clienta que quería que su vida fuera aventurera. Partir de ese sentimiento nos ayudó a explorar algunos objetivos tangibles, como planear un viaje sola o probar una nueva clase creativa.
- Intenta olvidarte de lo que los demás puedan pensar sobre tu objetivo. Recuerda que tu propósito es tener clara tu definición del éxito y añadir más alegría a tu vida, no a la de los demás. Lo más probable es que ya hayas intentado esforzarte por alcanzar la versión del éxito de otra persona y no te haya hecho tan feliz como esperabas: es hora de que, en su lugar, intentes confiar en ti misma.
- En este sentido, no hay nada correcto o incorrecto cuando se trata de definir el éxito en tus propios términos. Puede que quieras reducir tus objetivos y llevar una vida más sencilla, o puede que tengas grandes ambiciones por las que luchar. Ninguna de las dos cosas vale más que la otra. Lo único que importa es que tu definición te parezca auténtica y útil. Olvídate de lo que piensen los demás. Ellos no tienen por qué vivir tu vida, sino tú.

Segundo paso: identificar tus fortalezas y estrategias

Una vez que hayas identificado el cambio o el objetivo que deseas alcanzar, el siguiente paso es determinar las fortalezas y las estrategias que adoptarás para ayudarte a lograrlo. Y vamos a abordar este desafío de una manera diferente a como lo hubieras hecho en el pasado.

Como ya hemos comentado en capítulos anteriores, a menudo, cuando nos fijamos un objetivo o pensamos en un cambio que queremos realizar, nuestro siguiente paso inmediato es buscar consejos u orientación externos. Suponemos que otra persona tendrá más experiencia que nosotras y que será más eficiente y productivo extraer esa información de ella y aplicarla a nuestras propias vidas. Pero, cuando hacemos eso, acabamos dedicando energía a acciones o estrategias que, o bien no nos acercan a nuestra versión del éxito o bien requieren demasiado esfuerzo para llevarlas a cabo, lo que las hace insostenibles. Además, cuando intentamos poner en práctica el plan o el consejo de otra persona para ayudarnos a alcanzar nuestros objetivos, es menos probable que encontremos alegría en el proceso.

Pasé la mayor parte de mi vida adulta utilizando este enfoque para intentar crear un hábito de ejercicio constante. Me daba cuenta de que sentirme en forma me ayudaría a disfrutar más de la vida, pero en lugar de detenerme a pensar en cuáles de mis recursos y puntos fuertes podía utilizar para crear un hábito de ejercicio que me ayudara a alcanzar mis objetivos para ponerme en forma, recurría inmediatamente a Google para ver qué recomendaba otra persona, o dependía en gran medida de los consejos de un entrenador personal o un instructor de gimnasio. Empezaba el proceso animada por tener un plan detallado proporcionado por un experto, pero, con el paso del tiempo, siempre encontraba algún tipo de obstáculo. A lo mejor el plan me exigía entrenar con una frecuencia o a una hora del día que no se ajustaba a mi ciclo energético, o tal vez no me parecía lo suficientemente desafiante, lo que me dificultaba experimentar una sensación de fluidez. Quizás el plan no aportaba mucha alegría a mi vida. O tal vez simplemente no funcionaba con la combinación de trabajo y vida personal que yo estaba buscando.

No logré convertir el ejercicio en un hábito constante hasta que tuve claras mis propias fortalezas y estrategias y las utilicé para ayudarme a elaborar un plan. Este enfoque no solo me ha ayudado a tener más éxito en mis objetivos y planes, sino que también ha hecho maravillas por mi confianza. Ya no me veo atrapada en el ciclo de la vergüenza y la culpa, sino que descubro que tengo una tasa de éxito mucho mayor con mis objetivos y también disfruto mucho en el proceso.

Aquí tienes algunos consejos que te ayudarán a identificar las fortalezas y estrategias que te permitirán alcanzar el objetivo o el cambio que deseas:

1. CREA TU PERFIL DE ENERGÍA

En el Capítulo 5, exploramos el papel de la energía y reflexionamos sobre nuestros propios ciclos energéticos únicos, y ese tema es un buen punto de partida a la hora de identificar tus estrategias. Si te aseguras de que tus acciones se planifican en consonancia con tus ciclos energéticos únicos, tendrás muchas más posibilidades de alcanzar lo que te has propuesto y serás menos propensa a abandonar o agotarte en el proceso.

Algo que me gusta animar a mis clientes a hacer cuando se embarcan en un nuevo objetivo es crear un perfil energético. Esto puede servirles de recordatorio de cuándo es probable que estén en su mejor momento y qué les puede ayudar cuando experimentan un bajón energético.

Puedes utilizar la plantilla que aparece a continuación para crear tu propio perfil energético.

1. La hora del día o de la noche en la que me siento con más energía es...

2. Así es como me siento en los diferentes momentos de mi ciclo:

3. Así es como me siento durante las diferentes estaciones del año:

Primavera:

Verano:

Invierno:

Otoño:

4. Las cosas que más me quitan energía son...

5. Las cosas que me ayudan a recuperar energía son...

6. Cuando tengo más energía, doy prioridad a...

7. Otras cosas que hay que tener en cuenta sobre mi energía son...

Una vez que hayas completado tu perfil de energía, piensa en cómo podría afectar a la forma en que te planteas alcanzar tu objetivo. Por ejemplo, yo tengo más energía antes de la hora del almuerzo, así que cuando me propuse crear un hábito de ejercicio constante, intenté planificar mis entrenamientos por la mañana. También tengo fluctuaciones de energía bastante importantes a lo largo de mi ciclo menstrual, y adapto la forma en que hago ejercicio para compensarlo. Por ejemplo, cuando estoy ovulando, puedo elegir un entrenamiento más enérgico, como una clase de *spinning* o correr, mientras que cuando estoy menstruando, soy más propensa a limitarme a caminar o a una clase de yoga suave. Tener en cuenta mi energía al trabajar en este objetivo ha sido un factor muy importante para que mi hábito de ejercicio fuera sostenible, y también me ha ayudado a disfrutar más del ejercicio.

2. CONSULTA TU INTUICIÓN

Lo siguiente que puede ayudarte a identificar las estrategias que mejor te funcionarán es consultar tu intuición. Como exploramos en el Capítulo 6, la intuición es un recurso increíblemente poderoso, y es probable que utilizar tu intuición para ayudarte a identificar acciones y estrategias sea más útil y productivo que recurrir a Google. Aquí tienes algunas formas de hacerlo:

- Presta atención a las primeras ideas que te vienen a la mente. Algo que he observado al trabajar con mis clientes de *coaching* es que, a menudo, la primera idea que se nos ocurre suele ser bastante acertada, pero acabamos descartándola o convenciéndonos de que no es buena porque pensamos que no la hemos meditado lo suficiente.
- Vale la pena escuchar esas primeras ideas, aunque parezcan algo aleatorias o poco ortodoxas. Por ejemplo, cuando empecé a trabajar en mi objetivo de mejorar mi forma física, tenía ganas de nadar al aire libre en el mar o en un lago. En ese momento, pensé que era algo que nunca había hecho antes y que me parecía demasiado «al aire libre» para una persona hogareña como yo, así que lo descarté de inmediato. Unos meses más tarde, mi suegra me invitó a nadar con ella en la bahía cerca de su casa, ¡y me encantó! Me hizo desear haber escuchado esa primera idea antes.
- Escucha a tu cuerpo. Una vez que tengas varias ideas en mente, tómate unos minutos para sentarte en silencio y estar tranquila. A continuación, piensa en cada idea por separado, y presta atención a lo que ocurre en tu cuerpo mientras lo haces. Es posible que te sientas tensa al pensar en hacer algo que va en contra de tu intuición, mientras que puedes experimentar una sensación de ligereza o emoción cuando consideras una opción que te hace sentir bien. Puedes utilizar este ejercicio siempre que tengas que tomar una decisión y necesites dejar de darle vueltas a la lista de pros y contras en tu cabeza.

- Escribe en tu diario. Siéntate con un cuaderno y un bolígrafo y escribe sobre tu objetivo y cómo podrías lograrlo. Hay algo en el hecho de poner el bolígrafo sobre el papel y usar la mano que puede relajar los músculos creativos y hacer fluir tu intuición. No te preocupes por lo pulcra que sea tu letra o incluso por lo que escribes: lo importante es el proceso, no el resultado.

3. POTENCIA TUS FORTALEZAS

Como aprendiste en el Capítulo 7, utilizar tus puntos fuertes es una forma poderosa de mejorar tu productividad y aumentar la cantidad de alegría que experimentas. Cuando se trata de alcanzar un objetivo o realizar un cambio, considerar cómo podemos poner en práctica nuestras fortalezas de la mejor manera posible es una de las herramientas más útiles que tenemos, pero a menudo se pasa por alto.

Creo que la razón por la que solemos pasar por alto nuestras fortalezas es porque a veces puede resultar difícil ver cómo podemos aprovecharlas mejor para alcanzar diferentes objetivos. Por ejemplo, trabajé con una clienta, Sarah, cuyo objetivo era estar más presente con sus hijos. Esto era algo con lo que había luchado en el pasado, ya que a menudo se sentía distraída o como si su mente siguiera en el trabajo incluso cuando había salido de la oficina. Cuando explorábamos estrategias que pudieran ayudar a Sarah a alcanzar este objetivo, la animé a que pensara en sus fortalezas, una de las cuales es su amor por el aprendizaje. A Sarah le resultaba difícil: veía cómo esta fortaleza la había ayudado a sacar buenas notas en la escuela y a progresar en su carrera, pero no creía que fuera tan relevante para su papel como madre ni especialmente útil para el objetivo que se había marcado. Sin embargo, una vez que lo discutimos más a fondo, Sarah se dio cuenta de que su amor por el aprendizaje significaba que tenía las habilidades para investigar técnicas de *mindfulness* que podrían ayudarla, y también se sentía muy cómoda adoptando una mentalidad de principiante, algo que la ayudó a ser más compasiva consigo misma mientras trabajaba para alcanzar este objetivo. No importa cuáles sean tus fortalezas, siempre hay una manera de aprovecharlas, ¡solo necesitas ser un poco creativa!

Tómate un tiempo para revisar tu lista de fortalezas del Capítulo 7 y piensa cómo puedes emplearlas mientras trabajas para alcanzar tu objetivo. Verás que, como resultado, te sentirás mucho más motivada y productiva.

4. ENCUENTRA TU FLUJO

En el Capítulo 8 exploramos el poder de entrar en un estado de flujo, y encontrar tu flujo puede ser otra herramienta útil a tener en cuenta a la hora de elaborar tu plan de juego para alcanzar tus objetivos. Lo más importante que debes recordar es que, para entrar en un estado de flujo, necesitas experimentar tanto una sensación adecuada de desafío como un elemento de disfrute, así que ten en cuenta estos dos factores cuando pienses en la mejor manera de alcanzar tu objetivo. También te conviene eliminar cualquier distracción que pueda interponerse en tu camino.

Encontrar mi ritmo fue una estrategia muy útil para mí a la hora de trabajar en mi hábito de ejercicio, y me ayudó a ver dónde había fallado antes. O bien elegía entrenamientos que no me parecían desafiantes y me aburría con facilidad, o bien me obligaba a hacer cosas que en realidad no disfrutaba. (¡Déjame decirte que reunir la energía para hacer una clase de HIIT me parecía casi imposible!). Ahora mi forma favorita de hacer ejercicio es con mi bicicleta Peloton: sin dudas es un desafío, pero la variedad de música divertida y los simpáticos instructores hacen que también lo disfrute mucho. Para otras personas, montar en bicicleta al aire libre, en la naturaleza o con un amigo, puede marcar la diferencia.

La clave de este paso es permitirte encontrar tu mejor enfoque en lugar de dejarte llevar por el plan de otra persona. Créeme cuando te digo que conseguirás más si lo haces a tu manera.

Tercer paso: actúa con alegría

Entonces, sabemos cuál es nuestro objetivo o el cambio que deseamos, hemos reunido las fortalezas y estrategias que mejor nos equiparán, y ahora es el momento de dar el siguiente paso: actuar. Pero no estamos hablando de cualquier acción, no, ¡solo acciones alegres, por favor!

La razón por la que hago esta distinción es porque, cuando oímos la palabra «acción», es muy fácil caer en la vieja mentalidad del trabajo duro. Muchas de nosotras hemos crecido con la creencia de que la mejor manera de lograr algo es la más rápida y la que parece más eficiente, por lo que, cuando empezamos a pensar en actuar para alcanzar nuestros objetivos, es natural que inmediatamente pensemos en la forma más rápida de alcanzar el resultado que deseamos.

Sin embargo, según mi experiencia, la forma más rápida rara vez es la mejor. En cambio, cuando empieces a actuar, te invito a que consideres la forma más alegre de alcanzar tu objetivo. Porque cuando tomamos el camino alegre, nos sentimos bien, y cuando nos sentimos bien, somos mucho más propensas a actuar, lo que nos permite lograr una mayor consistencia y productividad con el tiempo.

Mi clienta Melissa sin dudas lo descubrió. Trabajamos juntas después de que la despidieran de un puesto de trabajo en el que había estado durante casi diez años. Al principio, Melissa se alegró de aceptar un despido voluntario, ya que lo vio como una oportunidad para dar un giro a su carrera y probar algo nuevo. Sin embargo, tras varios meses buscando trabajo sin suerte, empezó a sentirse ansiosa por sus próximos pasos. Melissa había recibido una indemnización por despido, lo que le había permitido crear un colchón financiero, y quería aprovechar el tiempo entre trabajos para recargar pilas y centrarse en sus pasatiempos. Sin embargo, la incertidumbre la llevaba a pasar todo el día sentada en su escritorio y solicitar múltiples puestos de trabajo a la semana y no permitirse relajarse nunca. Como resultado, se sentía tensa y abrumada.

En una de nuestras sesiones de *coaching*, animé a Melissa a pensar en cómo cambiaría su forma de actuar si se centraba en que fuera lo más alegre posible. Melissa comentó que asistiría a más encuentros para establecer contactos, ya que esto encajaba con su carácter extrovertido. Planteó la idea de trabajar en las solicitudes de empleo desde su cafetería favorita, y lo convirtió en una pequeña cita consigo misma, y dijo que le encantaría dedicar algo de tiempo a hacer un curso para desarrollar nuevas habilidades mientras estaba entre trabajos. Por último, se recordó a sí misma que quería seguir centrándose en sus pasatiempos, ya que sabía que quizá nunca volvería a tener este tipo de tiempo libre ahora que no estaba trabajando. Al incorporar la idea de la alegría al proceso, Melissa fue capaz de identificar las acciones que le darían energía y le permitirían seguir buscando oportunidades laborales sin agotarse ni ponerse ansiosa.

Yo tuve la misma experiencia con mi objetivo de ponerme en forma. La razón por la que también me costaba mantener el hábito de hacer ejercicio en el pasado era porque creía que el ejercicio tenía que ser difícil y agotador. En cuanto me permití divertirme, liberé la resistencia que llevaba dentro y me resultó mucho más fácil dar prioridad al movimiento necesario para alcanzar mi objetivo. Nunca me apetecía salir a correr, así que tenía que recurrir a la disciplina y la fuerza de voluntad para salir de casa. Por el contrario, ¡ir a una clase de yoga con una amiga o cantar durante una clase de Peloton con temática Hamilton no requiere ningún tipo de motivación interna!

Aquí hay algunas cosas que pueden ayudarte a identificar y empezar a tomar medidas alegres:

- Recuerda cuándo has disfrutado de trabajar para alcanzar un objetivo en el pasado. ¿Qué fue lo que hizo que disfrutaras de trabajar para alcanzar ese objetivo? Esto puede darte algunas ideas.

- Piensa en lo que te gustaba hacer cuando eras una niña. Los niños suelen ser mejores que los adultos a la hora de buscar la alegría, porque aún no han aprendido lo que «deben» hacer, por lo que recordar cómo jugábamos de niñas puede darte algunas ideas. Por ejemplo, si te gustaban las manualidades cuando eras pequeña, eso podría indicar que debes adoptar un enfoque creativo, o si te gustaba jugar al aire libre, eso podría recordarte que debes adoptar un espíritu aventurero.
- No te preocupes por hacerlo perfecto. Veo que muchas personas se quedan atascadas en este paso porque esperan el momento adecuado o quieren asegurarse de haber identificado la acción perfecta. No caigas en esa trampa: ¡hacer algo siempre es mejor que no hacer nada!
- No planifiques todas tus acciones desde el principio: simplemente identifica la primera acción que te haga feliz y, una vez que la hayas completado, piensa en la siguiente. ¡Paso a paso!
- Recuerda que el valor está en hacer algo. Si has crecido escuchando frases como «nada que valga la pena se consigue con facilidad», adoptar un enfoque alegre puede parecerte antinatural o puede que te preocupe que no te ayude a avanzar, pero la alegría es la diferencia entre rendirse y crear un hábito constante.

Cuarto paso: reflexionar y aprender

El último paso del Método de la alegría es, en mi opinión, el más importante. Una vez que hemos definido el éxito, identificado nuestras fortalezas y estrategias y hemos actuado con alegría, es fundamental que nos tomemos un tiempo para reflexionar y aprender.

En mi primer libro, *Joy: elígete*, incluí una cita de un hombre llamado John Dewey, y voy a incluirla de nuevo aquí. John Dewey fue filósofo, psicólogo y reformador educativo, y dijo: «No aprendemos de la experiencia... aprendemos al reflexionar sobre la experiencia». Para mí, eso resume la importancia de la reflexión. No solo es importante lo que hacemos cuando se trata de la productividad alegre, sino también reflexionar sobre lo que hemos hecho y aprender de nuestras acciones.

Aquí hay algunas preguntas que pueden ayudarte a hacerlo. Puedes utilizarlas como consignas para escribir en un cuaderno o como puntos de discusión con amigas. A una de mis clientas, Alice, le gusta grabar notas de voz con sus respuestas, ya que encuentra que procesa la información de manera más eficaz cuando habla. No importa cómo lleves a cabo tu reflexión, lo que importa es que te tomes el tiempo para hacer una pausa, reflexionar y aprender.

- ¿Qué progresos he hecho para alcanzar mi objetivo?
- A medida que avanzo hacia mi objetivo, ¿qué es lo que va bien? ¿Qué acciones he disfrutado? ¿Qué estrategias me han ayudado a avanzar?
- ¿Qué me resulta un desafío? ¿Por qué creo que es así? ¿Qué ideas tengo para hacer que esos aspectos desafiantes me resulten más alegres?
- ¿Qué he aprendido sobre mí misma en este proceso?
- ¿Qué medidas debo tomar aún? ¿Qué fortalezas y estrategias tengo para ayudarme?
- ¿Mi definición del éxito me parece verdadera, o he aprendido o experimentado algo que la haya cambiado?
- ¿Quiero modificar mi plan de alguna manera?
- ¿Hay algo más que sea importante para mí tener en cuenta en esta etapa de mi búsqueda de mi definición del éxito?

Tomarse el tiempo para reflexionar sobre estas preguntas puede suponer un gran impulso para tu productividad por varias razones. En primer lugar, te dará la oportunidad de celebrar tus progresos y logros, lo que mejorará tu confianza y te hará sentir más motivada. En segundo lugar, tendrás la oportunidad de detectar y resolver cualquier problema antes de que se convierta en un obstáculo insuperable que pueda ralentizarte o desviarte de tu camino. También descubrirás que reflexionar con regularidad te permitirá abordar tus objetivos de una manera más dinámica y ajustar tu método y enfoque a medida que recopiles nueva información. Pero tal vez lo más importante es que dedicar tiempo a reflexionar sobre ti misma potenciará tu desarrollo personal. Aprenderás cosas nuevas sobre ti misma y sobre cómo trabajas mejor, mejorarás tu relación con tu intuición y probablemente también desarrollarás un sentido más profundo de autocompasión y amabilidad, lo que puede hacer que mantener el rumbo te resulte mucho más fácil.

Creo sinceramente que, cuando se trata de una productividad alegre, la reflexión es clave. Sin dudas, ese ha sido mi caso. Volviendo a mi ejemplo de mejorar mi forma física: reflexionar sobre cómo iba el proceso me permitió darme cuenta de lo mucho que me estaba beneficiando el hecho de hacer ejercicio con más frecuencia. Eso, a su vez, aumentó mi confianza y mi motivación y me facilitó seguir esforzándome por mí misma. Pero la reflexión también puede ayudarnos a corregir el rumbo cuando las cosas no salen como esperábamos. A menudo comparto un ejemplo de cuando empecé mi negocio y me fijé el objetivo de organizar eventos presenciales. Me encanta conectar con gente nueva y hablar de todo lo relacionado con la alegría, y poder hacer algo que me gustaba como parte de mi trabajo me parecía un verdadero marcador de éxito. Sin embargo, cuando me tomé un tiempo para reflexionar después de los primeros eventos que organicé, me di cuenta de que no los había disfrutado tanto como pensaba y que hacerlo no se ajustaba tanto a mis fortalezas como había imaginado al principio. Organizar eventos requiere mucha organización, ¡y por desgracia esa no es una de mis habilidades! Dedicar tiempo a reflexionar me ayudó a darme cuenta de que había aprendido información valiosa al realizar acciones que me hacían feliz, pero que, en última instancia, necesitaba ajustar mi plan para seguir sintiéndome feliz.

La reflexión también es importante porque el Método de la alegría es un proceso iterativo. A medida que trabajas para alcanzar tus objetivos y los consigues, identificarás otros cambios que deseas realizar, y dedicar tiempo a reflexionar y aprender te proporcionará más conocimientos e información que te ayudarán a alcanzar esos objetivos futuros. Este fue el caso de mi clienta Ellie. Cuando empezamos nuestras sesiones, su definición del éxito era tener la libertad de viajar, y trabajamos juntas en un plan para que creara un negocio que le permitiera trabajar desde cualquier lugar. Unos años más tarde, volvimos a conectar: había pasado una temporada increíble viajando por Sudamérica, pero ansiaba más estabilidad y quería trabajar para alcanzar el objetivo de comprar su primera casa. Al tomarse el tiempo para reflexionar sobre lo que había aprendido al trabajar para alcanzar ese primer objetivo de crear su negocio, Ellie tenía un montón de herramientas y lecciones en su haber que la ayudaron a afrontar otro cambio en su vida.

Quiero aprovechar la oportunidad para compartir algunos ejemplos de cómo se puede aplicar el Método de la alegría en diversos contextos. A continuación, presento algunos mini casos prácticos de mi cartera de clientes:

EJEMPLO 1: OLIVIA

Olivia dirige una cadena de grupos para bebés y niños pequeños, y su negocio ha crecido rápido en los últimos años. Desde fuera, parecía que Olivia estaba teniendo mucho éxito, pero ella no lo sentía así. Había empezado su negocio para pasar más tiempo con sus hijos, pero a medida que la cadena crecía, se encontraba más ocupada que nunca. Usamos el «Método de la alegría» para ayudarla a cambiar.

Primer paso: definir el éxito para ti

Cuando hablamos de cómo sería el éxito para Olivia, se dio cuenta de que quería que su vida fuera más tranquila y equilibrada. Quería estar más presente para sus hijos y sabía que eso significaba que tenía que delegar algunas partes de su negocio. Seguía preocupándose por la salud de su negocio, pero sabía que, en esa etapa de su vida, sus hijos eran su prioridad número uno.

Segundo paso: identificar tus fortalezas y estrategias

Cuando empezamos a explorar qué fortalezas o estrategias tenía Olivia para ayudarla a alcanzar su definición del éxito, lo primero que nos vino a la mente fue su red de contactos. Olivia es una persona muy sociable y ha creado una comunidad brillante en torno a sus clases, y sabía que podía recurrir a las personas para que la apoyaran. Otra cosa de la que Olivia se dio cuenta fue que trabaja mejor por las mañanas. Durante mucho tiempo había resentido sus clases de la tarde, pero completar su perfil energético la ayudó a comprender por qué.

Tercer paso: actuar con alegría

Olivia identificó dos acciones que la hacían feliz y con las que quería experimentar. La primera era contratar a alguien de su red de contactos para que impartiera sus clases por la tarde. Saber que las mañanas eran el momento del día en el que tenía más energía la ayudó a darse cuenta de que esas eran las horas más productivas para dedicarlas a su negocio, lo que significaba que por la tarde podría recoger a sus hijos del colegio y pasar tiempo con ellos. Olivia también decidió ceder el acceso a sus cuentas de redes sociales a otro miembro de su equipo. Sabía que revisar el Instagram de su negocio a menudo la distraía de sus hijos, y esta acción le pareció una buena forma de romper ese ciclo.

Cuarto paso: reflexionar y aprender

Una vez que Olivia llevó a cabo estas medidas durante un mes, dedicamos tiempo en nuestra sesión de *coaching* a reflexionar sobre cómo le habían resultado. Los cambios habían funcionado bien y Olivia se dio cuenta de que quería ser aún más audaz a la hora de delegar clases y otras tareas a su equipo y comunidad. Actualmente, está en proceso de crear un modelo de franquicia, lo que le permitirá alcanzar sus objetivos financieros sin tener que sacrificar el valioso tiempo que pasa con sus hijos.

EJEMPLO 2: SARA

Como muchos de mis clientes, Sara acudió a mí porque había llegado a un punto de agotamiento. Es la mayor de cuatro hermanos y, al ser la única que no tenía hijos, había asumido la responsabilidad de cuidar de sus padres, que padecían problemas de salud. Esta responsabilidad, sumada a su exigente trabajo, hizo que Sara acabara teniendo muy poco tiempo para sí misma y, como resultado, se sintiera agotada.

Primer paso: definir el éxito para ti

Sara tenía muy clara su definición del éxito: quería volver a sentirse ella misma. Había dedicado tanto tiempo a los demás que había perdido de vista las cosas que la hacían feliz y le costaba disfrutar de las tareas o las actividades que antes le gustaban. Sara quería recuperarse del agotamiento y volver a encontrar su chispa, pero sabía que para ello tendría que hacer algunos cambios.

Segundo paso: identificar tus fortalezas y estrategias

Cuando empezamos a explorar las fortalezas y estrategias que podrían ayudar a Sara a alcanzar su definición del éxito, se dio cuenta de que quería aprovechar más sus fortalezas de creatividad y apreciación de la belleza para ayudarla a estar más presente y encontrar placer en las cosas sencillas. Sara también se dio cuenta de que, aunque se le da muy bien delegar en el trabajo, nunca había utilizado esta habilidad en su vida personal y, en cambio, había optado por asumir responsabilidades adicionales para evitar confrontaciones con sus hermanos.

Tercer paso: actuar con alegría

Sara identificó dos acciones que la harían feliz y con las que quería experimentar. La primera era apuntarse a un curso de floristería. Sara no tenía intención de cambiar de carrera, pero esperaba que, al comprometerse con un curso, pudiera reconectar con su creatividad y su amor por las plantas y dedicar un poco de tiempo cada semana solo para ella. La otra acción que identificó fue hablar con sus hermanos con vulnerabilidad sobre el peso que le suponía cuidar de sus padres. Sara sabía en el fondo que sus hermanos no querrían que ella pasara apuros, y al ser sincera con ellos, esperaba que pudieran redistribuir las responsabilidades de forma más equitativa

Cuarto paso: reflexionar y aprender

Cuando nos tomamos un tiempo para reflexionar sobre el impacto de las acciones de Sara, ella se sintió muy satisfecha de haber comenzado el curso de floristería. Le había servido para volver a conectar con su creatividad y había conocido a un par de mujeres con las que había quedado para tomar un café fuera de clase. Hacer nuevas amistades había aumentado la confianza de Sara y la había ayudado a conectar con quien era fuera del trabajo y de sus responsabilidades familiares.

Aunque sus hermanos se mostraron comprensivos y receptivos cuando les contó sus dificultades, Sara reconoció que aún le quedaba trabajo por hacer para establecer y mantener límites. Llevaba más de cuatro décadas desempeñando el papel de hermana e hija mayor servicial y obediente, y reconoció que aún le quedaba mucho por hacer para deshacerse de ese papel. Una de las medidas que tomó tras esta reflexión fue acudir a un terapeuta que la ayudara a trabajarlo.

Creo de todo corazón que con el Método de la alegría puedes conseguir lo que más te importa. Y funciona porque te sitúa en el centro del proceso: tus sueños, tus fortalezas, tus experiencias, tus habilidades. Lo más probable es que hayas estado ignorándolos o restándoles importancia durante demasiado tiempo, pero ya no. Es hora de que empieces a abrazarlos y a abrirte a toda la alegría y el éxito auténtico que tienes a tu disposición cuando lo haces.

En el próximo capítulo, te explicaré cómo mantener tu arquetipo de productividad en primer plano. No existe un enfoque universal en lo que se refiere a la productividad alegre, así que desechemos el libro de reglas y hagámoslo a nuestra manera. Porque, alerta de *spoiler*: es la única forma que realmente funciona.

RECAPITULEMOS

- ✿El Método de la alegría está diseñado para ayudarte a realizar cambios alegres en tu vida de forma productiva.
- ✿Puedes utilizarlo para lograr cualquier objetivo o cambio de vida que te parezca importante.
- ✿Se compone de cuatro pasos: definir tu versión del éxito, identificar tus puntos fuertes y estrategias, emprender acciones alegres y reflexionar y aprender.
- ✿El Método de la alegría está diseñado para ser personalizado y te sitúa a ti y a tus necesidades y deseos en el corazón del proceso.

CAPÍTULO 10:

PON EN PRÁCTICA EL MÉTODO DE LA ALEGRÍA

Ahora que ya sabes en qué consiste el Método de la alegría, ¡es hora de ponerlo en práctica! En este capítulo, analizaremos el Método de la alegría desde la perspectiva de los cuatro arquetipos de productividad, y compartiré contigo muchos consejos que te ayudarán a sacar el máximo partido a este método.

Quizás te preguntes por qué es importante pensar en nuestros arquetipos de productividad al adentrarnos en el Método de la alegría. ¿Acaso los cuatro pasos no son los mismos independientemente de quién utilice el método? Bueno, sí, pero lo que sentimos respecto a cada uno de los pasos será diferente en función de nuestros estilos y preferencias de productividad, por lo que es posible que necesites diferentes consejos para ayudarte a empezar. Espero que, al desglosar el método por arquetipos, pueda ayudarte a liberar cualquier resistencia, superar cualquier obstáculo y hacer que el Método de la alegría funcione para ti.

Puedes saltar al arquetipo de productividad con el que más te identifiques o, si mientras lees este libro te has identificado con varios arquetipos, lee cada uno de ellos para encontrar los consejos que mejor te funcionen.

LA HACEDORA

Empecemos por la hacedora. Si este es el arquetipo de productividad con el que más te identificas, lo más probable es que estés deseando ponerte manos a la obra con el Método de la alegría ¡y empezar a actuar! Sin embargo, te animo a que leas primero esta sección si quieres sacar el máximo partido a este proceso, ya que puede ayudarte a evitar algunos de los errores más comunes con los que veo que luchan las hacedoras.

Primer paso: definir el éxito para ti

Como alguien que se identifica como una hacedora, sé que tu primer instinto será saltar directamente al tercer paso y empezar a actuar. Así es básicamente como he abordado el trabajo para alcanzar mis objetivos durante la mayor parte de mi vida: tener una idea y luego pasar directamente a actuar en base a ella. Y eso no es malo. De hecho, creo que tener el coraje y el impulso para perseverar y hacer avanzar las cosas es uno de los aspectos más brillantes de ser una hacedora.

Sin embargo, también sé por experiencia que, si no nos tomamos el tiempo para detenernos y definir primero qué es el éxito para nosotras, podemos desperdiciar mucha energía yendo por el camino equivocado. Lo hice a lo grande en lo que respecta a mi carrera, y pasé la mayor parte de una década dedicando energía a ascensos o logros que en realidad no quería, pero también lo he hecho en menor medida. Por ejemplo, he perdido la cuenta de las veces que he comprado todo el material necesario para un nuevo pasatiempo antes de darme cuenta rápidamente de que no era lo mío.

Otra razón por la que es especialmente importante tomarse el tiempo para definir el éxito en tus propios términos si te identificas como una hacedora es porque las hacedoras suelen ser más propensas a la comparación y la competencia. Un patrón que veo a menudo en mis clientas que son hacedoras es que persiguen objetivos o logros para estar a la altura de sus compañeros o demostrar que pueden hacer algo, en lugar de considerar si eso va a hacer que sus vidas sean más felices o añadir valor de alguna otra manera. Tomarse el tiempo para aclarar tu propia definición del éxito te ayudará a evitar esto.

✸ Prueba *esto* ✸

Completar el ejercicio «El mejor yo posible» de la página 66 te ayudará a empezar a crear tu definición del éxito, pero otra herramienta que puede resultarte útil es escribir cómo sería un día ideal en tu vida. Desde que te levantas por la mañana hasta que te acuestas por la noche, anota las tareas, actividades y experiencias con las que te gustaría llenar tu día. Incluso puedes pensar en qué te pondrías y qué tipo de comidas te prepararías. Como hacedora, es posible que esta tarea te resulte más fácil que el ejercicio «El mejor yo posible», ya que se centra en las acciones que realizaría la versión más feliz y exitosa de ti misma.

Segundo paso: identificar tus fortalezas y estrategias

Una vez que sepas qué es lo que quieres conseguir y tengas claro por qué quieres lograrlo, el siguiente paso es identificar las fortalezas y estrategias que te ayudarán a conseguirlo. Es posible que ya tengas una idea de cuáles son por lo que has leído, pero para ayudarte, aquí tienes algunas pautas adicionales diseñadas específicamente para hacedores:

- **Presta mucha atención a tu propio perfil de energía.** Como ya hemos comentado, las hacedoras corren un alto riesgo de esforzarse en exceso y agotarse, por lo que este es un paso muy importante. Piensa en qué momento del día te sientes con más energía, cómo responde tu energía a las diferentes estaciones del año y cómo te afectan las hormonas. Puede que te parezca más productivo trabajar sin descanso y tachar tareas de la lista, pero, como hemos visto a lo largo de este libro, no respetar los ritmos naturales de tu cuerpo y su necesidad de descanso acabará pasándote factura. Además, es probable que descubras que, cuando empieces a aceptar tu perfil energético, podrás aprovechar mejor tus momentos de mayor energía para conseguir todo lo que te propongas.
- **Piensa en cómo puedes crear más espacio en tu agenda.** Tu impulso de hacer, hacer y hacer puede significar que te sientas tentada a llenar cada minuto con planes o compromisos, pero tener algo de tiempo de tranquilidad es clave, no solo para facilitar más tiempo para el descanso, sino también para que te resulte más fácil conectar con tu intuición. Experimenta con reservar una noche a la semana solo para ti o intenta mantener un fin de semana al mes libre de planes.
- **Resiste la tentación de asumir más cosas.** Una forma de liberar algo más de espacio en tu agenda es resistirte a aceptar proyectos y responsabilidades solo porque sientes que debes hacerlo. Las hacedoras suelen ser las que levantan la mano en las reuniones para aceptar una tarea adicional, se ofrecen como voluntarias para ayudar en algo cuando en realidad no quieren hacerlo o se encargan de los recados que nadie más quiere hacer. Y aunque puede estar bien echar una mano de vez en cuando, lo que queremos evitar es que añadas más cosas a tu lista que te distraigan de las acciones

que realmente importan, aquellas que te acercan a tu versión del éxito. Una frase que me gusta recordar para ayudarme con esto es: si no es un sí rotundo, es un no. En pocas palabras, solo porque puedas hacer algo, no significa que necesariamente debas hacerlo.

- **Reconoce que el esfuerzo no siempre equivale al valor.** Las hacedoras a menudo sienten la necesidad de demostrar su valía y, como resultado, pueden dejarse llevar por la idea de que algo es más valioso por el hecho de ser difícil. Quiero recordarte que eso simplemente no es así, y que puedes aportar más valor cuando aceptas tus puntos fuertes y te permites disfrutar. Date permiso para adoptar el enfoque fácil y ten claro que el valor reside en el resultado, no en lo mucho que hayas tenido que esforzarte para conseguirlo.

Tercer paso: actuar con alegría

¡Bien, por fin hemos llegado al paso en el que prosperarás! Como hacedora, sé que no necesitarás mucho entrenamiento para empezar a hacer que las cosas sucedan, pero hay un recordatorio que quiero darte antes de que te lances a la acción: no olvides asegurarte de que la acción que estás llevando a cabo te aporta alegría.

En nuestra sociedad obsesionada con la productividad, es fácil creer que la mejor manera de hacer algo es la más rápida o la más eficiente, pero quiero que recuerdes que eso no es cierto: la mejor manera de hacer algo es la más alegre. No solo podrás mantener tu energía durante más tiempo si disfrutas lo que haces, sino que también podrás encontrar alegría en el proceso, y minimizar las posibilidades de caer en la falacia de la llegada de la que hablamos en el Capítulo 1.

Puede que esto te parezca un enfoque nuevo si hasta ahora has pasado toda tu vida intentando tachar el mayor número posible de cosas de tu lista de tareas pendientes, pero pruébalo: te sorprenderá lo mucho que te ayuda a sentirte con más energía.

Cuarto paso: reflexionar y aprender

Una vez que hayas empezado a actuar, el último paso es dedicar algo de tiempo a reflexionar y aprender. Este es un paso fácil de pasar por alto cuando eres una hacedora. Una vez que empiezas a actuar y sientes esa descarga de dopamina que acompaña al tachar tareas de la lista de cosas por hacer, puede ser tentador seguir adelante en lugar de reducir el ritmo para reflexionar. Pero si quieres asegurarte de que estás centrando tus esfuerzos en las cosas correctas, si estás decidida a seguir avanzando en la dirección de tu versión del éxito, este es un paso realmente útil.

Aquí tienes algunas preguntas clave que debes tener en cuenta en tus reflexiones como hacedora:

- ¿Mis acciones me han acercado a mi definición del éxito?
- ¿Dónde estoy dedicando la mayor parte de mi tiempo y energía en este momento? ¿Quiero modificar mi enfoque de alguna manera?
- ¿En qué aspectos estoy experimentando comparaciones o el deseo de mantener el ritmo de los demás en este momento? ¿Esa necesidad me está ayudando o me está alejando de mis objetivos?
- ¿Cómo me siento al centrarme en acciones que me producen alegría? ¿Qué impacto tiene esto en mi productividad?
- ¿Dónde estoy experimentando dificultades al actuar? ¿Cómo puedo aprovechar más mis puntos fuertes para ayudarme?
- ¿Mi definición del éxito sigue pareciéndome verdadera o quiero modificarla de alguna manera?
- ¿Hay algo más que quiera señalar antes de terminar mi reflexión?

¿Y cuál es la forma más eficaz de asegurarte de que realmente llegas a completar tu reflexión? Añádela a tu lista de tareas pendientes y asegúrate de programarla en tu agenda. Como hacedora, ¡te costará mucho ver una tarea sin tachar!

LA PERFECCIONISTA

Si te identificas como perfeccionista, es posible que te sientas un poco preocupada por una pregunta: ¿cómo puedo asegurarme de utilizar el Método de la alegría de la manera correcta? He trabajado con muchas perfeccionistas a lo largo de mi carrera, y puede ser precisamente ese deseo de hacer las cosas a la perfección lo que les impide dar el paso que las llevaría en la dirección correcta. Si te sientes identificada, tengo algunos consejos que te pueden ayudar.

Primer paso: definir el éxito para ti

Empecemos por el primer paso: definir tu propia versión del éxito. Una cosa que he observado al trabajar con perfeccionistas es que suelen ser más observadores que los demás arquetipos de productividad.

Las perfeccionistas se fijan mucho en los detalles, lo que puede ser una gran ventaja cuando una tarea requiere precisión. Sin embargo, ser tan observadora también puede significar que las perfeccionistas suelen estar atentas a lo que sucede a su alrededor y siempre están al tanto de los últimos estándares y tendencias: necesitan saber cómo es la «perfección» para poder esforzarse por alcanzarla.

Esa observación constante puede suponer un desafío a la hora de crear tu propia definición del éxito. Si tu cabeza está llena de los objetivos o logros de otras personas, o si te mueve el deseo de cumplir con los estándares de alguien más, puede ser difícil separar tus deseos auténticos de los deseos que te permiten aparentar de cierta manera o estar a la altura de tus compañeros. Pero es muy, muy importante que hagamos esa separación. Porque, de lo contrario, perderás el tiempo dedicando mucha energía y esfuerzo a algo que, en realidad, no te hará sentir bien cuando lo consigas. Puede que ya hayas tenido esa experiencia. Tal vez conseguiste el trabajo soñado por el que habías trabajado durante años y aun así te sentías ansiosa o angustiada los domingos por la noche. Quizás finalmente ahorraste para tomarte las vacaciones soñadas, solo para darte cuenta de que en realidad no te gusta tanto la playa. He trabajado con clientes que han tenido estas experiencias y muchas más, y no quiero que te pase lo mismo. Nuestro tiempo es limitado, asegurémonos de aprovecharlo al máximo.

✹ Prueba *esto* ✹

Hazte esta pregunta: ¿Qué seguiría importándome si nadie me estuviera observando o juzgando? A menudo, nuestro afán por la perfección es una búsqueda de validación externa, por lo que tomarse el tiempo para comprobar que es algo que seguiría importándote aunque no pudieras contárselo a nadie es una forma estupenda de comprobar que tu visión es realmente auténtica para ti. Recuerdo haberle hecho esta pregunta a una clienta, y ella se dio cuenta de que la razón por la que había dedicado tanta energía a su carrera no era para satisfacer un deseo personal, sino para obtener un «bien hecho» de sus padres. Darse cuenta de esto la liberó para explorar su propia visión, que implicaba viajar mucho más y ascender mucho menos en la escala profesional.

Segundo paso: identificar tus fortalezas y estrategias

El siguiente paso es explorar tus puntos fuertes y estrategias que pueden ayudarte a alcanzar tu definición del éxito. Una vez más, es posible que tengas una buena idea de cuáles son gracias a los capítulos anteriores, pero aquí tienes algunos consejos y aspectos a tener en cuenta específicos para las perfeccionistas que pueden resultarte útiles:

- **¡Deja tu modestia en la puerta!** He observado que a las perfeccionistas les cuesta mucho reconocer sus puntos fuertes, sobre todo si no han sido validados externamente por otra persona. Intenta dejar de lado la necesidad de justificar tus fortalezas y, en su lugar, piensa en las habilidades y capacidades que te hacen sentir bien cuando las utilizas. Por ejemplo, no tienes que ser tan organizada como Marie Kondo para confiar en que tienes un don para mantener las cosas en orden. Si te gusta organizar cosas, reivindica esa fortaleza en lugar de preocuparte por no ser la persona más organizada del mundo.
- **Resiste la tentación de buscar el enfoque «perfecto».** Independientemente de cuáles sean tus objetivos, puedo decir con confianza que habrá más de una forma de alcanzarlos. No importa el camino que elijas; lo que importa es que des el paso para empezar a avanzar en la dirección correcta y poder conseguir lo que realmente deseas. Recuerda que la única forma correcta es la que te hace sentir bien.
- **Experimenta con la flexibilidad.** Como exploramos en el Capítulo 5, los perfeccionistas a veces pueden resistirse a aceptar sus ciclos energéticos naturales y, en cambio, se esfuerzan por rendir al mismo nivel sin importar cómo se sientan o lo que esté sucediendo a su alrededor. Como quizá ya hayas experimentado, esta es una forma segura de aumentar el riesgo de agotamiento y, como mínimo, te expondrá a pensamientos negativos y críticas. En su lugar, intenta ser flexible en las diferentes etapas: piensa en dónde te encuentras ahora mismo y en el enfoque que mejor se adapta a tus necesidades energéticas, sabiendo que esto puede cambiar con el tiempo (y confiando en que este proceso te recordará que debes hacer ese cambio).
- **Busca la tranquilidad.** Recuerda que tus pensamientos y sentimientos intuitivos son una gran fortaleza en sí mismos, así que asegúrate de tomarte el tiempo para reducir el ritmo y conectar con ellos de vez en cuando, de la forma que mejor te funcione. Escribir en tu diario, meditar o simplemente dar un paseo por el barrio con el teléfono en modo avión pueden ayudarte a conseguirlo.

Tercer paso: actuar con alegría

Una vez que hayas explorado tus fortalezas y estrategias, es hora de empezar a actuar con alegría. Aquí es donde veo que mis clientes perfeccionistas tienen más dificultades: pueden quedarse tan atascados en los pasos anteriores que nunca llegan a dar el paso y emprender la acción que marcará la diferencia. Voy a darte el mismo consejo que siempre les doy a ellos: es mucho más productivo hacer algo de forma medianamente aceptable que no hacer nada por miedo a no hacerlo a la perfección.

En esta etapa, me gusta tomar prestada una jerga que aprendí mientras trabajaba para una empresa tecnológica emergente. Cada vez que lanzábamos un nuevo producto, nos desafiábamos a nosotros mismos a explorar cuál era el PMV, el producto mínimo viable. Evitábamos activamente intentar crear un producto perfecto a la primera, porque sabíamos que lanzar algo y obtener los comentarios de los clientes nos ayudaría a crear un producto mejor a largo plazo. Lo mismo ocurre con la acción: a menudo, solo cuando nos ponemos en marcha comprendemos cuál sería la mejor acción.

Intenta adoptar este enfoque, averigua cuál podría ser el primer pequeño paso y luego utiliza el siguiente paso del Método de la alegría para evaluar cómo puedes mejorar la próxima vez.

Cuarto paso: reflexionar y aprender

Una vez que hayas empezado a actuar, el último paso es reflexionar y aprender del proceso. Una cosa que quiero que recuerdes como perfeccionista es que debes aportar una gran dosis de compasión y curiosidad a este proceso, en lugar de utilizarlo como una oportunidad para criticarte a ti misma. Vemos con los niños pequeños que cuando les gritamos o los criticamos, se bloquean o se rebelan, mientras que cuando practicamos la compasión y sentimos curiosidad por sus comportamientos, son más propensos a aprender y crecer. Lo mismo ocurre con los adultos: no podemos disciplinarnos para actuar con alegría. En cambio, debemos aportar un poco de cuidado y ternura al proceso para poder crecer y desarrollarnos.

Aquí tienes algunas preguntas clave que debes tener en cuenta en tus reflexiones como perfeccionista:

- ¿Mis acciones me han acercado a mi auténtica definición del éxito?
- ¿Qué me ha hecho sentir bien? ¿Qué acciones he disfrutado más? ¿Qué fortalezas me han aportado más alegría al utilizarlas?
- ¿Dónde estoy encontrando dificultades al actuar? ¿Qué ideas tengo sobre por qué podría ser así?
- ¿He caído en mis tendencias perfeccionistas en algún momento? Si es así, ¿qué lo ha provocado? ¿Qué podría hacer para evitarlo la próxima vez?
- ¿Mi definición del éxito sigue pareciéndome verdadera o quiero modificarla de alguna manera?
- ¿Qué nuevas ideas tengo que me gustaría poner en práctica? ¿Hay algo más que quiera señalar antes de terminar mi reflexión?

Y recuerda: ¡no hay una forma perfecta de completar tu reflexión! Lo único que importa es que te tomes ese tiempo para mirar atrás y aprender las lecciones.

LA SOÑADORA

Si eres una soñadora, es posible que ya estés dando el primer paso del Método de la alegría al imaginar tu visión del éxito y todos los cambios alegres que harás. Antes de que te pierda en ese proceso, déjame compartir contigo algunas pautas para cada paso del método, para que tengas las mejores posibilidades de hacer realidad esos sueños.

Primer paso: definir el éxito para ti

Como soñadora, tienes un talento natural para imaginar una forma mejor de hacer las cosas, lo que significa que es probable que te sientas muy cómoda en este paso. Es probable que tu mente ya esté dando vueltas desde los capítulos anteriores y que te sientas emocionada por todos los cambios alegres que quieres hacer.

En esta etapa solo tengo un consejo para ti, y está pensado para ayudarte a reducir la sobrecarga emocional durante las últimas etapas del Método de la alegría: intenta crear una visión del éxito que sea específica para esta temporada de tu vida.

Ahora bien, no soy de las que aplastan los grandes sueños o las metas de nadie; al contrario, mi consejo suele ser soñar en grande. Pero he descubierto que mis clientas que son soñadoras tienen dificultades para conciliar esos grandes objetivos y visiones de vida con las acciones que deben emprender a corto plazo. Así que, por supuesto, sigue soñando en grande y explorando todas las posibilidades, pero luego aclara lo que quieres lograr a corto plazo para ponerte en marcha.

✹ Prueba *esto* ✹

Piensa en cómo sería el éxito para ti en los próximos tres a seis meses. Establecer un periodo de tiempo definido debería facilitarte mucho la tarea de identificar las fortalezas y las estrategias que te ayudarán.

Por ejemplo, supongamos que tu definición del éxito a largo plazo es dejar tu trabajo en una empresa y dedicarte a escribir para ganarte la vida.

> Tu definición del éxito a corto plazo podría ser desarrollar un hábito de escritura regular o tener una cierta cantidad de ahorros para ayudarte a gestionar la transición. El sueño final sigue siendo el mismo, pero al acotar un poco el horizonte, te resultará más fácil identificar los pasos prácticos que debes dar para hacerlo realidad.

Segundo paso: identificar tus fortalezas y estrategias

Una vez que tengas tus definiciones del éxito a largo y corto plazo, el siguiente movimiento es tener claras las fortalezas y las estrategias únicas que puedes emplear para ayudarte a conseguirlo. Te animo a que tengas en cuenta lo siguiente:

- **Olvídate de la vergüenza.** Como comentamos en el Capítulo 7, a menudo nos hacen creer que algunos puntos fuertes son más valiosos que otros, pero no es así. Si alguna vez has sentido que tenías que esconder o avergonzarte de tus principales fortalezas o intereses, ¡este es tu permiso para sacarlos a la luz y darles un buen uso! Las habilidades que suelen ser naturales para las soñadoras —la creatividad, la vulnerabilidad, la empatía y la visión, por ejemplo— son todas habilidades de las que el mundo necesita más, y al aprovecharlas, podrás acercarte a tu definición del éxito de una manera más alegre.
- **Abraza tus ritmos energéticos únicos**. Las soñadoras suelen tener ritmos energéticos que subvierten las normas; por ejemplo, trabajan mejor por la noche que durante el día. Piensa en cómo puedes utilizar esto a tu favor: ¿hay alguna forma de modificar tu horario para que puedas centrarte en tus mayores prioridades cuando te sientas con más energía y creatividad?
- **Captura tus descargas intuitivas.** ¿Esas cosas con las que sueñas despierta cuando te duchas o intentas concentrarte durante una reunión aburrida? Es probable que sean descargas de tu intuición. En lugar de descartarlas, explora cómo puedes capturarlas: tal vez podrías llevar un cuaderno contigo para anotarlas, o podrías hablar de ellas con un compañero o una amiga para ver si eso te ayuda a desarrollar más la descarga.
- **Sé consciente de las distracciones**. Cuando empezamos a explorar estrategias y planes, puede aparecer el síndrome de la urraca brillante, que nos lanza todo tipo de ideas nuevas que explorar, pero nos costará mucho llevar a cabo el cambio si seguimos saltando de una idea a la otra. Si te da miedo olvidar las ideas que te vienen a la mente mientras trabajas en tus objetivos, crea un documento donde puedas anotarlas para más adelante.

Tercer paso: actuar con alegría

El siguiente paso del Método es actuar con alegría. El mayor desafío para las soñadoras en esta fase es saber por dónde empezar a alcanzar sus sueños y objetivos, pero nuestras acciones anteriores de acortar el horizonte y centrarnos solo en esta temporada a la hora de definir el éxito deberían ayudarnos con eso.

Si sigues teniendo dificultades, tal vez te apetezca desglosar aún más el calendario. Pregúntate qué es lo que tienes que hacer este mes para avanzar e intenta darte el espacio para centrarte solo en esas cosas por ahora. Puede ser difícil, pero recuerda que actuar es esencial para hacer tus sueños realidad.

Otra cosa que puede ayudarte si te cuesta pasar de soñar y planificar a actuar es abrazar la alegría que te ofrece el proceso de pasar a la acción. Siempre será difícil encontrar la disciplina y la fuerza de voluntad para hacer algo que no quieres hacer, pero si conseguimos que las tareas sean lo más agradables posible, será mucho más fácil ponerse en marcha. Y como soñadora, tienes las habilidades y capacidades para ser creativa y encontrar la diversión en el proceso. Date permiso para hacerlo, ¡y esa etapa te resultará mucho más fácil!

Por último, mantén la concentración en lo que la acción te está ayudando a conseguir. Cada pequeño paso te acerca a tu visión soñada y alegre de la vida: cuanto más conectada estés con ella, más motivada te sentirás para actuar.

Cuarto paso: reflexionar y aprender

El último paso del proceso es reflexionar y aprender. Si te tomas el tiempo necesario para completar este paso, podrás reforzar tu definición del éxito y confiar más fácilmente en que tus estrategias y acciones te están llevando en la dirección correcta. Reflexionar sobre los progresos que estás haciendo también te ayudará a creer que tus sueños no tienen por qué ser solo sueños.

Aquí tienes algunas preguntas que pueden ayudarte a reflexionar como soñadora:

- ¿Qué acciones he emprendido para acercarme a mi definición del éxito?
- ¿Qué siento al ver los progresos que he ido haciendo?
- ¿Me he desviado del camino en algún momento? Si es así, ¿qué puedo cambiar para seguir centrada en la acción?
- ¿Hay nuevas ideas o sueños que me gustaría incorporar a mi definición del éxito?

- ¿Dónde he utilizado mis puntos fuertes? ¿Cómo me he sentido al hacerlo?
- ¿Hay algo más que quiera señalar antes de terminar mi reflexión?

Puedes completar tus reflexiones como quieras, pero, de nuevo, recuerda pensar en cómo puedes aportar tus fortalezas y estrategias al proceso. ¿Te sientes más inspirada para reflexionar si puedes convertirlo en una tarea creativa, o es más probable que tengas el espacio mental para hacerlo en un momento determinado? Tener en cuenta estas cosas puede ayudarte a sacar más provecho del proceso.

LA PROCRASTINADORA

Por último, si te identificas como una procrastinadora, es posible que ya estés pensando en cómo evitar el Método de la alegría. De hecho, es posible que incluso te sientas tentada a saltarte el final de este libro o cerrarlo por completo. Te insto a que no lo hagas. Has elegido este libro por una razón, y quiero ayudarte a realizar los cambios que añadirán más alegría a tu vida. El hecho de que te haya costado hacer esos cambios en el pasado no significa que siempre te vaya a costar, y tengo algunos consejos y sugerencias para ayudarte a que el Método de la alegría funcione para ti.

Primer paso: definir el éxito para ti

El primer paso oficial del Método de la alegría es definir tu propia versión del éxito, pero si te identificas como una procrastinadora, tengo un pequeño paso previo que me gustaría que hicieras primero. Aquí está: acepta que el cambio es posible. Aunque ahora te resulte difícil de creer, suspende tu incredulidad durante el tiempo que te lleve trabajar con el Método de la alegría, solo una vez.

He trabajado con bastantes procrastinadoras como *coach*, y a veces yo también me identifico como una procrastinadora (puede que incluso en el proceso de escribir este libro...). Sé que, a menudo, el mayor obstáculo a superar es cambiar la mentalidad que nos dice que no tiene sentido, ya que no va a funcionar de todos modos. Déjame contarte un secreto: si alguna vez has tenido ese pensamiento, no es porque no tengas lo que hay que tener para hacer los cambios que deseas. Es solo tu cerebro que intenta mantenerte a salvo.

Verás, pensar en trabajar para conseguir un objetivo o hacer un cambio conlleva un riesgo. Existe el riesgo de que intentemos algo nuevo y fracasemos, y de que tengamos que lidiar con la incomodidad y la vergüenza que eso supondría. Pero también existe el riesgo de tener un gran éxito y conseguir todo lo que siempre hemos querido. Ambas cosas suponen una amenaza para nuestro cerebro, que valora la previsibilidad y la certeza por encima de cualquier otra cosa. Por eso a menudo nos encontramos recurriendo a afirmaciones o creencias que nos mantienen estancadas en un lugar o procrastinando actividades o tareas que nos parecen menos arriesgadas.

He descubierto que, a menudo, saber que nuestra respuesta predeterminada al miedo es quedarnos atascadas donde estamos puede ser suficiente para salir de ese patrón. Otra cosa que puede ayudarnos mucho es familiarizarnos tanto con nuestra visión del éxito que nuestro cerebro la sienta menos aterradora, lo que significa que es menos probable que nos autosaboteemos.

✹ Prueba *esto* ✹

No te limites a solo elaborar tu propia definición del éxito, ponte cómoda con ella. Quiero que dediques algo de tiempo a imaginar cómo te sentirías viviendo la versión de tu vida que más alegría te daría. Quiero que imagines cómo serían tus días, que pruebes esta nueva vida. La parte del cerebro que controla el miedo y las emociones no distingue entre lo real y lo imaginario (de ahí que a menudo lloremos con los libros o las películas). Por eso, cuanto más te expongas a esta visión del futuro, menos aterradora y abrumadora te parecerá.

Segundo paso: identificar tus fortalezas y estrategias

Una vez que has aceptado que puedes hacer un cambio, has elaborado tu definición del éxito y has empezado a familiarizarte con ella, el siguiente paso es identificar las fortalezas y las estrategias que pueden ayudarte a conseguirlo. Es de esperar que ya tengas algunas ideas para este paso gracias a los capítulos anteriores, pero aquí tienes algunos consejos extra que pueden ser de gran ayuda para las procrastinadoras:

- **Maximiza tu productividad**. Si te identificas como una procrastinadora, es importante que tomes el camino de menor resistencia cuando se trata de hacer un cambio o alcanzar un objetivo. Una de las formas de hacerlo es tener claro cuándo se producen tus momentos de mayor energía y aprovecharlos para pasar a la acción. Repasa el Capítulo 5 o el perfil energético que hiciste en el Capítulo

9 e identifica el momento del día o del mes en el que te sientes más centrada y con más energía. A continuación, planifica tus acciones para esos periodos de tiempo y así tener más posibilidades de éxito. (Nota al margen: ¡esto no es un permiso para posponer las cosas hasta que llegue tu estación favorita!).

- **Haz una pausa con las cosas que no son una prioridad.** Una estrategia astuta que a menudo veo adoptar a mis clientas procrastinadoras es asumir más tareas que les parecen seguras para tener una excusa legítima para evitar las cosas que les dan más miedo. Por ejemplo, mi clienta Lisa sabía que realmente quería cambiar de profesión y tenía un plan claro de cómo hacerlo, pero seguía ofreciéndose voluntaria para organizar eventos familiares o ayudar en el colegio de su hija, lo que le dejaba poco tiempo para trabajar en el curso que estaba haciendo para capacitarse y poder cambiar de profesión. Nunca vas a progresar como deseas si siempre estás llenando tu agenda, así que presiona pausa en las cosas que no son prioritarias por ahora.
- **Adapta tu entorno.** En mi experiencia de apoyo a las procrastinadoras, he descubierto que suelen ser más sensibles a las influencias externas que los demás arquetipos de productividad. Si esto te parece cierto, piensa a quién o qué necesitas en tu entorno para que te ayude a tener éxito. Por ejemplo, mientras escribía este libro, me resultó muy útil que mi amiga fuera mi compañera de responsabilidades. Quedamos todas las semanas para dar un paseo o jugar con nuestras hijas, y saber que me preguntaba cuántas palabras había escrito o cómo me iba me daba una dosis extra de concentración cuando me distraía. Además, sé que trabajo mejor cuando estoy sentada en mi escritorio que cuando lo hago en una cafetería o en otra habitación de mi casa, así que intenté crear el mayor número posible de oportunidades para estar en mi escritorio, aunque solo fuera media hora por la noche después de acostar a mi hija pequeña.

Tercer paso: actuar con alegría

Una vez que hayas identificado las cosas que te ayudarán a crear el camino de menor resistencia y a presentarte ante tus objetivos, el siguiente paso es empezar a actuar con alegría. Una cosa que he notado al apoyar a las procrastinadoras en mi trabajo es que a menudo tienen un deseo de conocer todo el plan antes de pasar a la acción. Si esto te resulta familiar, debes saber que intentar conocer todo el plan antes de empezar es solo otra forma de procrastinar y de mantenerte a salvo.

No es necesario tener todos los pasos trazados para pasar a la acción. Basta con saber cuál será el primer paso. Una vez que hayas completado ese primer paso, puedes tomarte un tiempo para pensar en el siguiente. Además, a menudo, al pasar a la acción somos capaces de aclarar cuáles serán los siguientes pasos. Por ejemplo, cuando empecé a escribir este libro, no sabía qué quería incluir en él. Pero una vez que escribí el Capítulo 1, tenía una idea mucho más clara, y después de escribir el Capítulo 9, había cubierto cosas en las que nunca habría pensado antes de meterme de lleno.

Recuerda también prestar atención a la parte alegre de este paso. Te parecerá mucho más fácil hacerlo si sabes que vas a disfrutar del proceso de la acción. Por ejemplo, si tu objetivo es mejorar tu forma física, te puede resultar mucho más sencillo ir de excursión con una amiga que ir al gimnasio. Hacer algo siempre será más productivo que no hacerlo, y aumentar el factor de disfrute siempre producirá mejores resultados que intentar disciplinarse para hacer algo.

Cuarto paso: reflexionar y aprender

El último paso del Método de la alegría es dedicar tiempo a reflexionar y aprender. Este es un paso muy importante para las procrastinadoras, ya que te permitirá ver los progresos que estás haciendo, lo que te ayudará a creer que puedes alcanzar tu definición del éxito. Y si cuando te paras a reflexionar te das cuenta de que no has actuado como esperabas, tener la mentalidad adecuada puede ayudarte a aprender información valiosa que te ayudará en la siguiente iteración. La clave está en ser curiosa, no crítica: actuar como una detective en busca de pistas sobre por qué te has resistido a actuar, en lugar de como una estricta maestra de escuela que reparte insultos.

Si te identificas como una procrastinadora, aquí tienes algunas preguntas que pueden ayudarte a dar forma a tus reflexiones:

- ¿Qué acciones he emprendido para acercarme a mi definición del éxito?
- ¿Qué creencias estoy desafiando al pasar a la acción?
- ¿Me estanqué en algún momento? Si es así, ¿qué puedo cambiar para ayudarme a mantenerme centrada en pasar a la acción?
- ¿Qué se siente al centrarse en la acción alegre? Qué impacto está teniendo en mi productividad?
- ¿Mi definición del éxito sigue pareciéndome verdadera o quiero modificarla de alguna manera?
- ¿Hay algo más que quiera señalar antes de terminar mi reflexión?

Si te preocupa que puedas procrastinar la reflexión, considera algunas de las estrategias que hemos comentado antes. ¿Podrías quedar con una amiga o un colega para tomar un café y hablar de ello? ¿Hay algún entorno en el que te sientas especialmente reflexiva que pueda ayudar a reducir la resistencia que estás experimentando? Utiliza lo que sabes de ti misma y de tu motivación para conseguirlo.

Navegar por la resistencia

Es importante reconocer que adoptar este enfoque puede resultarte extraño o incluso inseguro si te han condicionado a complacer a otras personas o crees que ciertos objetivos merecen más la pena que otros. Puede que te resulte difícil aceptar tus puntos fuertes si tienes baja autoestima, y puede que te cueste confiar en que permitirte disfrutar del proceso puede ser tan fructífero como confiar en la disciplina y el trabajo duro. He trabajado con muchos clientes que han experimentado la misma resistencia a lo largo de los años, y voy a compartir contigo el mismo recordatorio que comparto con ellos: has intentado hacerlo a la antigua durante mucho tiempo, y no ha funcionado.

No te pido que te comprometas con el Método de la alegría para siempre, simplemente te invito a que lo pruebes y veas si te funciona. Aquí hay algunas cosas que podrían ayudar:

- **Considera a quién quieres dar un ejemplo positivo.** Si tienes personas en tu vida que te admiran de alguna manera, ya sean hijos, colegas o amigas, recuerda que al adoptar el Método de la alegría y centrarte en tu propia definición de alegría y éxito estás modelando que es seguro hacer lo mismo. Muchas de nosotras queremos que nuestros seres queridos sean felices, pero no nos concedemos a nosotras mismas el derecho a serlo y, de ese modo, lo que en realidad les demostramos es que ellos también deben esforzarse todo el tiempo y sacrificar su bienestar.
- **Comparte el Método de la alegría con una amiga.** Comprometerte a poner en práctica este método con una amiga hará que te sientas menos intimidada y se sentirá más como un experimento divertido que están llevando a cabo juntas. Pueden quedar para tomar un café y comentar sus experiencias o simplemente enviarse un mensaje de vez en cuando para mantenerse responsables.
- **Empieza poco a poco.** Si tienes dudas sobre el impacto que podría tener el Método de la alegría, empieza poco a poco. Elige un pequeño cambio en tu vida y comprueba si el método puede ayudarte a hacerlo realidad. Si funciona, entonces puedes intentar utilizar el Método

de la alegría en cambios más transformadores, con la seguridad de que no estás malgastando tu tiempo ni tu energía.

- **¡Empieza ahora mismo!** Es tentador cuando lees un libro dejarlo a un lado y confiar en que volverás a los ejercicios y acciones más adelante, pero en mi experiencia, es raro que realmente lo hagamos. Mientras lees esto, haz algo para empezar con el Método de la alegría, ya sea imaginar tu mejor vida futura posible o tomar nota de tus puntos fuertes. El primer paso siempre es el más difícil, pero una vez que hayas empezado, tendrás un impulso positivo detrás de ti.

Espero que, sea cual sea tu arquetipo de productividad, te sientas armada y preparada para empezar con el Método de la alegría. He visto cómo este enfoque cambiaba las reglas del juego para mis clientes, y me ha ayudado a conseguir muchos de mis propios objetivos, grandes y pequeños. ¿Y por qué funciona? Porque capta tu propia esencia y la utiliza para hacer las cosas, en lugar de animarte a conformarte con un enfoque o una forma de ser que no te hace sentir bien.

Creo firmemente que cuando las mujeres se muestran tal y como son y aceptan sus fortalezas y su singularidad, se produce la magia. Durante demasiado tiempo se nos ha enseñado a ocultar nuestras peculiaridades y diferencias en lugar de aprovecharlas, y hemos sufrido por ello. Es hora de empezar a centrar nuestro tiempo y energía en las cosas que realmente importan y encontrar algo de alegría en el camino. Espero que el Método de la alegría te ayude a conseguirlo.

UN MANIFIESTO PARA UNA NUEVA FORMA DE HACER LAS COSAS

Dime, ¿qué más debería haber hecho?
¿Acaso no todo muere al final, y demasiado pronto?
Dime, ¿qué piensas hacer con tu única, salvaje y preciosa vida?
—Mary Oliver, «El día de verano»

A lo largo de este libro, he defendido un enfoque diferente de la productividad. Espero que te haya inspirado a replantearte cómo mides tu valor, cómo valoras tu tiempo y tu energía, y cómo decides qué es importante para ti en esta vida tan salvaje y preciosa que tenemos la suerte de haber recibido.

Ahora que llegamos al final de nuestro viaje juntas, quiero dejarles un manifiesto, un conjunto de principios guías que resumen la esencia de la productividad alegre y las lecciones clave que hemos explorado a lo largo de este libro. Aquí va...

1) La única versión del éxito que importa es la tuya

Créeme cuando te digo que no hay ningún logro que pueda llenar el vacío si persigues la definición del éxito de otra persona. No importa lo orgullosos que estén tus padres, cuántos «me gusta» recibas en LinkedIn o cuántas personas te digan que lo estás haciendo muy bien: si no es realmente lo que tú quieres, sentirás que te falta algo.

Tómate el tiempo necesario para encontrar tu definición más sincera del éxito. Examínala, cuestiónatela, busca dónde pueden estar colándose las expectativas que otras personas tienen de ti. Cuando tengas una definición del éxito que te resulte auténtica y verdadera, tendrás lo que muchos deseamos: un camino a seguir que te resulte satisfactorio y lleno de sentido.

2) Construye una identidad que vaya más allá de tus logros

Cuando alguien te pregunte quién eres, ten algo que decirle además de tu puesto de trabajo. Eres mucho más que tus logros o lo que haces para ganar dinero. Eres tus pensamientos, tus creencias y tus intereses. Eres la forma en que expresas tu amor y la forma en que cuidas a los demás. Eres un receptáculo de alegría, risas, dolor, esperanza, tristeza y amor sin límites.

Para vivir una vida plena, debes aceptar y cultivar todas las diferentes partes de ti misma: tus pasatiempos, tus relaciones, tus curiosidades. Recuerda que eres humana, no una máquina.

3) Deja de compararte con los demás

No desperdicies tu única, salvaje y preciosa vida tratando de seguir el ritmo de los demás. Su definición del éxito puede ser muy diferente a la tuya. Es posible que ni siquiera ellos sepan cuál es su definición del éxito. Las comparaciones no solo te roban la alegría, sino también la concentración y la intención. Realmente no importa lo que hagan los demás. Lo que importa es que tú avances en la dirección que te hace sentir bien.

Rechaza la presión de competir. Competir con otras mujeres es una de las muchas formas en que el patriarcado logra que hagamos su trabajo sucio, y solo contribuye a la ficción de que podemos hacerlo todo. En su lugar, comparte tu verdad y escucha lo que tus seres queridos comparten a cambio. Es posible que descubras que, como resultado, las cosas se sienten un poco más ligeras.

4) Desafía a tu crítica interior

Cuando las cosas se pongan difíciles, tómate un respiro antes de dejar que tu crítica interior se desate. No eres perezosa, débil o indisciplinada, simplemente eres una mujer que intenta navegar por un mundo que no fue creado pensando en ti. Es probable que estés gestionando una carga implacable y que no deja de crecer a la que se suman las normas de género, el sexismo y las expectativas sociales. Se siente difícil porque es difícil.

Cuando aceptamos eso, podemos ser más compasivas y amables con nosotras mismas. Ya es bastante difícil ahí fuera, no añadas tu propia culpa a la pila de basura que tienes que cargar.

5) Busca aceptarte en lugar de corregirte

Si eres como yo, es posible que hayas crecido sintiéndote como un proyecto que hay que corregir. Siempre creyendo que tu «vida real» comenzaría una vez que hubieras corregido todos tus defectos y malos hábitos, que la felicidad llegaría una vez que fueras más delgada, más inteligente, más organizada o una vez que estuvieras más ocupada. Que las cosas finalmente encajarían una vez que lograste adaptarte a la rutina o al plan de otra persona.

Yo digo que eso es una tontería. Lo más productivo que puedes hacer es aceptar quién eres realmente: potenciar tus fortalezas, aprovechar tus flujos y reflujos energéticos, encontrar la mezcla que te funcione. Enfócate en quién eres y aléjate de quién crees que «deberías» ser. Cuando lo hagas, encontrarás algo de magia.

6) Ten en cuenta que solo porque puedas hacer algo, no significa que debas hacerlo

Este es un consejo al que recurro constantemente. Si eres una persona que siempre quiere complacer a los demás o sientes que tienes algo que demostrar, es probable que digas que sí o elijas hacer algo por razones que no tienen que ver con tus intereses.

Antes de fijarte una meta o añadir algo nuevo a tu agenda, intenta consultar con tu intuición. Si la idea de hacer algo no te convence del todo, deja que sea un no. No tienes que demostrar nada a nadie más que a ti misma. Hay una verdadera belleza y poder en renunciar a lo que no es para ti.

7) Aprovecha el poder del arrepentimiento futuro

Solo hay una cosa que tenemos garantizada en esta vida, y es que algún día terminará. Aunque nos queden décadas por vivir, nuestro tiempo aquí es finito y se agota constantemente. Aceptarlo puede ser deprimente, pero también puede ser un increíble catalizador para una productividad alegre. Cuando recuerdas que ninguno de nosotros saldrá vivo de aquí, luchar por los objetivos de otra persona se vuelve totalmente superfluo.

Es probable que, cuando llegue el inevitable final, no sean las noches que pasaste trabajando hasta tarde en la oficina o los elogios que recibiste lo que recuerdes con cariño. Serán los recuerdos que creaste con tus seres queridos, los momentos de alegría que viviste, las veces que te sentiste inspirada y conectada. Intenta recordar eso cuando planifiques tu tiempo.

8) Celebra tus logros

Voy a hacer una afirmación audaz: nunca he conocido a una mujer que se celebre lo suficiente a sí misma. Evitamos celebrar nuestros logros por miedo a parecer arrogantes o antipáticas, y no es de extrañar: vivimos en una cultura que educa a los niños para que sean seguros y asertivos, mientras que a las niñas se les exige que sean humildes y serviciales.

Pero aquí está la clave: lo que se reconoce se repite. Cuando nos tomamos un momento para detenernos y celebrar nuestros logros, generamos motivación y concentración, lo que hace que alcanzar nuestros objetivos auténticos resulte mucho más fácil. Además, centrarnos en lo que ya hemos hecho en lugar de estar completamente absortas en lo que aún nos queda por hacer puede ayudarnos a crear un lugar donde respirar.

9) Vive la etapa en la que te encuentras

Una de las cosas más valiosas que he aprendido al escribir este libro es que la vida tiene muchas etapas diferentes y que una de las cosas más sencillas que podemos hacer para aumentar nuestra productividad es vivir la etapa en la que nos encontramos. Si estás en una parte de tu ciclo en la que te sientes más introspectiva y reflexiva, concéntrate en las tareas de tu lista de cosas por hacer que podrían beneficiarse de esa introspección. Si estás en una etapa de tu vida en la que ya estás al límite, acepta que quizás ahora no sea el momento de añadir otra meta exigente.

Desperdiciamos mucha energía tratando de luchar contra nuestras realidades, pero no es necesario. Al igual que intentar cultivar fresas en pleno invierno sería un esfuerzo inútil, también lo es tratar de ignorar la etapa de la vida en la que nos encontramos. Es mucho más productivo (¡y mucho más alegre!) aceptar las cosas en lugar de resistirse a ellas.

10) Enfócate en lo que te hace sentir bien

Y, por último, el pequeño mantra que me repito a mí misma más que ningún otro: enfócate en lo que te hace sentir bien. Como mujeres, tenemos una mayor resistencia a sentirnos bien. Nos decimos a nosotras mismas que es mejor sentirnos altruistas o serviciales o productivas u ocupadas, pero la verdad es que sentirse bien es un superpoder. Cuando nos sentimos bien, todo mejora, desde nuestro trabajo hasta nuestras relaciones, desde nuestra salud hasta nuestra resiliencia.

Elige la opción más fácil, espolvorea un poco de magia sobre lo mundano, permítete divertirte. La alegría es un acto radical, pero especialmente si eres mujer o perteneces a cualquier otro grupo marginado. Aprovéchala.

CONCLUSIÓN

Cuando se me ocurrió la idea de este libro, allá por el verano de 2022, sabía que sería un tema interesante para explorar. Pero fue durante el proceso de investigación y escritura cuando me di cuenta de lo mucho que necesitaba este libro.

A medida que tomaba forma y se desarrollaba, también lo hacía un nuevo capítulo de mi vida. Está el cambio obvio: ser madre, y todo lo que eso ha significado para mi identidad, mis ambiciones y mi definición del éxito. Pero hay algo más. Me encuentro en la mitad de mis treinta y tantos, y las cosas son diferentes. Como mujer *millennial*, educada para ser ambiciosa en mi búsqueda de la igualdad de género y a la que se le dijo que no había nada que no pudiera hacer, siempre he sentido la presión de tenerlo todo. Pero esa presión nunca ha sido tan fuerte como ahora. El «todo» nunca ha abarcado tantas partes.

Todos los días me venden la idea de que el éxito de una mujer de mi edad consiste en ser capaz de formar una familia perfecta, forjarse una carrera pionera y mantener una casa inmaculada. Puntos extra si también puedes adherirte a todos los ideales de belleza de la sociedad en el proceso. Todos los días cuando navego por Instagram, veo la televisión o leo una revista, me doy cuenta de que las mujeres que consiguen todo eso son muy celebradas. Pero lo que no veo tanto en los medios es la realidad que se esconde tras esa fachada brillante.

No veo la confusión y la incertidumbre que surgen al decidir si formar o no una familia, ni las luchas por la fertilidad y las dolorosas pérdidas que sufren muchas que desean ser madres. No veo la autocrítica que surge cuando nuestros cuerpos y rostros empiezan a cambiar, ni la tristeza y el estrés que conlleva tener que cuidar de unos padres que envejecen. No veo las barreras misóginas ni los desafíos logísticos que hay que superar para mantener y hacer progresar nuestras carreras, ni el impacto de nuestras fluctuaciones hormonales en nuestra energía y nuestro estado de ánimo. No veo el efecto que todas estas cosas tienen en nuestra confianza y autoestima. ¿Es de extrañar que tantas de nosotras nos quedemos atrapadas en un ciclo de comparación y esfuerzo, y nunca sentimos que hacemos lo suficiente? ¿No es de extrañar que muchas de nosotras estemos agotadas?

Si te llevas algo de este libro, espero que sea esto: el éxito no consiste en tenerlo todo, sino en tener lo que más te importa. No es sostenible seguir esforzándose por cumplir los ideales de la sociedad sin reconocer nuestros propios contextos únicos, y tampoco es productivo. Porque lo que yo valoro y espero de mi vida puede ser muy distinto de lo que tú valoras y esperas de la tuya.

No nos sirve de nada compararnos o enfrentarnos unas a otras, y tampoco es útil creer que existe una única respuesta o agenda o un único plan que funcione para todas. Todas somos únicas, y es mucho más productivo (¡y mucho más alegre!) reconocerlo y aceptarlo, en lugar de intentar amoldarnos a un estilo de vida determinado.

Antes de tener a mi hija, estaba convencida de que mi carrera seguiría siendo igual de importante para mí una vez que fuera madre. De hecho, pensaba que era mi imperativo moral como feminista seguir siendo tan ambiciosa como siempre, incluso al asumir este nuevo papel. Lo que veo ahora, tras catorce meses haciendo malabares con el trabajo y la maternidad, es que mis prioridades han cambiado. Sigo amando mi trabajo, sigo preocupándome por hacerlo bien, pero mi enfoque es menos singular. Hay otras cosas en mi vida que requieren mi atención en este momento, otras áreas en las que quiero desarrollarme y crecer. Investigar para este libro me ha dado la confianza necesaria para saber que eso está más que bien. Las estaciones cambian: lo importante no es que avancemos como robots, sin dejarnos afectar por los cambios en nuestras vidas, sino que seamos conscientes de cómo empleamos nuestro tiempo y nuestra energía, y que los canalicemos hacia las cosas que más valoramos en lugar de desperdiciarlos tratando de estar a la altura de los ideales de otras personas o de nuestras definiciones anteriores del éxito. Esa es la verdadera productividad.

Espero que este libro te haya dado el coraje para abrazar cualquier etapa de la vida en la que te encuentres. Espero que te haya dado la confianza para dejar de buscar en los demás todas las respuestas y las herramientas que necesitas para encontrarlas dentro de ti. Siempre han estado ahí. Puede que las expectativas, las opiniones y los consejos de los demás las hayan ahogado. Sobre todo, espero que este libro te haya demostrado que nunca fuiste débil, perezosa y que no te encontrabas desmotivada:

simplemente intentabas jugar a un juego que estaba amañado. Y espero que te haya dado algunos potenciadores al estilo Super Mario que te ayuden a afrontarlo con más alegría en el futuro.

Quiero dejarte con un último recordatorio: ya eres suficiente. Eres un ser humano magnífico, único, resiliente y lleno de amor, y es un milagro que existas. No tienes nada que demostrar y tienes todo por disfrutar. No malgastes esta vida única, salvaje y preciosa que tienes creyendo que la felicidad te espera más adelante. Aprovéchala ahora. Te apoyaré en cada paso del camino.

AGRADECIMIENTOS

Como espero que hayan percibido, el tema de este libro es algo que me apasiona. Gracias a mi maravillosa editorial, Blue Star Press, por darme la oportunidad y los recursos para explorarlo. Este es el tercer proyecto en el que trabajamos juntos, y no podría desear un hogar más feliz para mis palabras.

Gracias a todos los miembros del equipo que han contribuido a dar vida a este libro. Siento que es injusto que mi nombre sea el único que aparece en el lomo, cuando tanta gente ha trabajado tan duro en él. Gracias en especial a Avalon Radys y a Lindsay Wilkes-Edrington por todo el trabajo que me han dedicado para ayudarme a desentrañar las ideas que tenía en la cabeza y darles forma hasta convertirlas en algo cautivador. Gracias también a Nancy Peske por sus atentas correcciones y aportaciones.

Gracias a mi maravillosa colega, Katie Chesworth, por ayudarme a que todo estuviera en orden durante mi embarazo y mi baja por maternidad y mientras escribía este libro. Este trabajo sería mucho menos alegre sin ti.

Gracias a mis maravillosos clientes y a mi comunidad, que han aportado tanto a lo que escribo en este libro. Ayudarlos a alcanzar su definición del éxito es un privilegio que no doy por sentado.

A mis amigas —comenzando por las que conozco desde que era adolescente hasta las mamás amigas que he conocido en los últimos años—, gracias por los mensajes de WhatsApp, los encuentros para que nuestros hijos jueguen, las palabras de aliento y su paciencia infinita mientras atravesaba el periodo más intenso de mi vida. Las quiero, y me alegro mucho de poder recorrer este capítulo y todos los que están por venir con mujeres tan increíbles a mi lado.

A mi familia —en especial a mis padres, Jane y Tony; a mi hermana, Molly; y a mis suegros, Diana y Paul—, gracias por todo. Su apoyo inquebrantable, su ánimo y su fe han sido el mayor regalo de estos últimos años, y este libro tampoco existiría sin su ayuda práctica. A Ralf, Lyla y Poppy, ustedes me inspiran todos los días.

Y por último, el mayor agradecimiento a mi equipo en casa, Sam y Seren. Sam: mientras investigaba para este libro, leí que uno de los mejores trucos de productividad era casarse con la persona adecuada. Estoy de acuerdo. Nada de esto sería posible si no estuvieras tan dispuesto a compartir la carga. Te estoy muy agradecida. Seren, ya me has enseñado mucho sobre el éxito y la alegría y sobre lo que realmente importa. Doy gracias a mis estrellas de la suerte cada día que puedo ser tu madre, y estoy impaciente por todas las aventuras que están por venir.

BIBLIOGRAFÍA

Alex M. Wood, P. Alex Linley, John Maltby, Todd B. Kashdan y Robert Hurling. «Using Personal and Psychological Strengths Leads to Increases in Well-Being over Time: A Longitudinal Study and the Development of the Strengths Use Questionnaire». *Personality and Individual Differences* (*Personalidad y diferencias individuales*) 50, núm. 1 (2011): 15–9. https://doi.org/10.1016/j. paid.2010.08.004.

Ambady, Nalini. «The Perils of Pondering: Intuition and Thin Slice Judgments». En «Special Issue on Intuition», número especial, *Psychological Inquiry (Investigación psciológica)* 21, núm. 4 (2010): 271–78. https://www.jstor.org/stable/25767201.

Archer, Simon N., Donna L Robilliard, Debra J Skene, Marcel Smits, Adrian Williams, Josephine Arendt y Malcolm von Schantz. «A Length Polymorphism in the Circadian Clock Gene Per3 is Linked to Delayed Sleep Phase Syndrome and Extreme Diurnal Preference». SLEEP (SUEÑO) 26, núm. 4 (2003): 413–5. https://doi.org/10.1093/sleep/26.4.413.

Barua, Akrur. "Gender Equality, Dealt a Blow by COVID-19, Still Has Much Ground to Cover." *Deloitte Insights*. 21 de enero de 2022. https://www2.deloitte. com/uk/en/insights/economy/impact-of-covid-on-women.html.

Bao, Wei, Yunhong Wang, Tingting Yu, Jiarong Zhou, Junlong Luo. "Women Rely on "Gut Feeling"? The Neural Pattern of Gender Difference in Non-Mathematic Intuition." *Personality and Individual Differences (Personalidad y diferencias individuales)* 196 (2022): 111720. https://doi.org/10.1016/j. paid.2022.111720.

Bellezza, Silvia, Neeru Paharia y Anat Keinan. "Conspicuous Consumption of Time: When Busyness and Lack of Leisure Time Become a Status Symbol." *Journal of Consumer Research (Revista de investigación sobre el consumidor)* 44, núm. (2017): 118–38. https://doi.org/10.1093/jcr/ucw076.

Ben-Shahar, Tal. "You Accomplished Something Great: So Now What?." *New York Times*, 28 de mayo de 2019. https://www.nytimes.com/2019/05/28/smart-er-living/you-accomplished-something-great-so-now-what.html.

Beverley, Grace. *Working Hard, Hardly Working: How to Achieve More, Stress Less and Feel Fulfilled.* Londres: Penguin, 2021.

British Chambers of Commerce (Cámaras de Comercio Británicas). "BCC Launches Three-Year Gender Equity Campaign Based on Stark Research Findings." 7 de marzo de 2023. https://www.britishchambers.org.uk/news/2023/03/bcc-launches-three-year-gender-equity-campaign-based-on-stark-research-findings/.

BMJ. (Revista médica británica) "Doctors' 'Gut Feeling' Should Not Be Ignored." Comunicado de prensa. 25 de septiembre de 2012. https://www.bmj.com/press-releases/2012/09/25/doctors%E2%80%99-%E2%80%9Cgut-feeling%E2%80%9D-should-not-be-ignored.

Brown, Brené. *Atlas of the Heart: Mapping Meaningful Connection and the Language of Human Experience.* Toronto, ON: Vermillion, un sello de Penguin Random House, 2021.

Calm. "What Your Chronotype Says About Your Sleep Patterns, Productivity and Personality." 26 de marzo de 2024. https://www.calm.com/blog/sleep-chronotypes.

Cameron, Julia. *El camino del artista: Un sendero espiritual hacia la creatividad.* Londres: Souvenir Press, un sello de Profile Books, 2020.

Cawley, John. "The Impact of Obesity on Wages." *The Journal of Human Resources (La revista de recursos humanos)* 39, núm. 2 (2004): 451–74. https://doi.org/10.2307/3559022.

Choi-Allum, Lona. "Understanding a Changing Older Workforce: An Examination of Workers Ages 40–Plus." Investigación de AARP, 18 de enero de 2023. https://www.aarp.org/content/dam/aarp/research/surveys_statistics/econ/2023/value-of-experience-age-discrimination-infographic.doi.10.26419-2Fres.00554.014.pdf.

Cotter, Katherine N. y James O. Pawelski. "Art Museums as Institutions for Human Flourishing." *Journal of Positive Psychology (Revista de psicología positiva)* (2021): 288–302. https://doi.org/10.1080/17439760.2021.2016911.

Csikszentmihalyi, Mihaly. *Fluir (Flow): Una psicología de la Felicidad.* Nueva York: Harper and Row, 1989.

Dalton-Smith, Saundra. "The Real Reason Why We Are Tired and What to Do About It." Filmado en marzo de 2019 en Atlanta. Video TED, 9:33. https://www.ted.com/talks/saundra_dalton_smith_the_real_reason_why_we_are_tired_and_what_to_do_about_it.

Dane, Erik. "When Should I Trust My Gut? Linking Domain Expertise to Intuitive Decision-Making Effectiveness." *Organizational Behavior and Human Decision Processes (Comportamiento organizativo y procesos de decisión humana)* 119, núm. 2 (2012): 187–94. https://doi.org/10.1016/j.obhdp.2012.07.009.

Doyle, Glennon. *Indomable: Deja de complacer, empieza a vivir.* Random House, 2021.

Universidad de Durham. "Rest and Well-Being: World's Largest Survey." Science Daily. 28 de septiembre de 2016. https://www.sciencedaily.com/releas-es/2016/09/160928153541.htm.

Edge Foundation (Fundación Edge). "ADHD and Estrogen." Consultado el 9 de mayo de 2024. https://edge-foundation.org/adhd-and-estrogen/.

Endometriosis UK. s/f "Endometriosis Facts and Figures." Consultado el 9 de mayo de 2024. https://www.endometriosis-uk.org/endometriosis-facts-and-figures.

Fischer, Agneta H., Mariska E. Kret, Joost Broekens. "Gender Differences in Emotion Perception and Self-Reported Emotional Intelligence: A Test of the Emotion Sensitivity Hypothesis." PLOS One 13, núm. 1 (2018): e0190712. https://doi.org/10.1371/journal.pone.0190712.

Fredrickson, Barbara L. "The Broaden-and-Build Theory of Positive Emotions." *Philosophical Transactions of the Royal Society B (Transacciones filosóficas de la Royal Society B)* 359, 1449 (2004): 1367–77. http://doi.org/10.1098/rstb.2004.1512.

Future Forum (Foro del futuro). "Amid Spiking Burnout, Workplace Flexibility Fuels Company Culture and Productivity: Winter Snapshot." Future Forum Pulse. Febrero de 2023. https://futureforum.com/research/future-forum-pulse-winter-2022-2023-snapshot/.

Gallup. "Employees Who Use Their Strengths Outperform Those Who Don't." 8 de octubre de 2015. https://www.gallup.com/workplace/236561/employees-strengths-outperform-don.aspx.

Gallup. "How to Build Better Teams in the Workplace." Consultado el 9 de mayo de 2024. https://www.gallup.com/cliftonstrengths/en/278225/how-to-improve-teamwork.aspx.

Goldstein, Andrea N., Stephanie M. Greer, Jared M. Saletin, Allison G. Harvey, Jack B. Nitschke y Matthew P. Walker. "Tired and Apprehensive:

Anxiety Amplifies the Impact of Sleep Loss on Aversive Brain Anticipation." *Journal of Neuroscience (Revista de neurociencia)* 33, núm. 26 (2013): 10607-15.https://doi.org/10.1523/JNEUROSCI.5578-12.2013.

Hill, Maisie. *Poder menstrual: Haz que el ciclo juegue a tu favor.* Londres: Green Tree, un sello de Bloomsbury, 2019.

International Foundation of Employee Benefit Plans (Fundación Internacional de Planes de Beneficios para Empleados). "The Importance of Taking Annual Leave." The CPD Certification Service (Servicio de certificación de desarrollo profesional continuo). 18 de julio de 2023. https://cpduk.co.uk/news/the-importance-of-taking-annual-leave.

Kessler, Ronald C. "Insomnia and the Performance of US Workers: Results from the America Insomnia Survey." SLEEP (SUEÑO) 34, núm. 9 (2011): 1161–71. https://doi.org/10.5665/SLEEP.1230.

Keynes, John Maynard. "Economic Possibilities for our Grandchildren." *En Ensayos de persuasión*, 358–73. Nueva York: W.W. Norton & Co., 1963.

King, Laura A. "The Health Benefits of Writing About Life Goals." *Personality and Social Psychology Bulletin (Boletín de personalidad y psicología social)* 27, núm. 7 (2001): 798–807. https://doi.org/10.1177/0146167201277003.

Lichterman, Gabrielle. "The Female Hormone Cycle." Hormonology (Hormonología). Consultado el 9 de mayo de 2024. https://www.myhormonology.com/learn/ female-hormone-cycle/.

Lichterman, Gabrielle. "The Male Hormone Cycle." Hormonology (Hormonología). Consultado el 9 de mayo de 2024. https://www.myhormonology.com/learn/ male-hormone-cycle/.

Lyubomirsky, S., L. King, y E. Diener. "The Benefits of Frequent Positive Affect: Does Happiness Lead to Success?." *Psychological Bulletin (Boletín de psicología)* 131, núm. 6 (2005): 803–55. http://dx.doi.org/10.1037/0033-2909.131.6.803.

Mallampalli, Monica P. y Christine L. Carter. "Exploring Sex and Gender Differences in Sleep Health: A Society for Women's Health Research Report." *Journal of Women's Health (Revista de la salud de la mujer)* 23, núm. 7 (2014): 553–62. https://doi.org/10.1089/jwh.2014.4816.

McLean, Carmen P., Anu Asnaani, Brett T. Litz y Stefan G. Hofmann. "Gender Differences in Anxiety Disorders: Prevalence, Course of Illness, Comorbidity and Burden of Illness." *Journal of Psychiatric Research (Revista de investigación psiquiátrica)* 45, núm. 8 (2011): 1027–35. https://doi.org/10.1016/j.jpsychires.2011.03.006.

Nagoski, Emily, y Amelia Nagoski. *Hiperagotadas: Acaba con el burnout, domina el estrés y recupera tu calidad de vida.* Vermillion, un sello de Penguin Random House, 2020.

OECD (Organización para la Cooperación y el Desarrollo Económico). Social Protection and Well-Being: Gender. Modificado por última vez el 18 de febrero de 2021. Distribuido por OECD.Stat. https://stats.oecd.org/Index.aspx?dataset-code=TIME_USE#, time-use survey.

Peterson, C., M.E.P. Seligman. *Character strengths and virtues: A handbook and classification.* Oxford University Press/American Psychological Association, 2004.

Peterson Gloor, Jamie L., Tyler G. Okimoto, y Eden B. King. "'Maybe Baby?' The Employment Risk of Potential Parenthood." En "Revisioning, Rethinking, Restructuring Gender at Work." En un número especial, *Journal of Applied Social Psychology (Revista de psicología social aplicada)* (Agosto de 2022): 623–42. https://doi.org/10.1111/jasp.12799.

Reese, Hope. "The Gendering of Holiday Labor." JSTOR Daily. 21 de diciembre de 2019. https://daily.jstor.org/the-gendering-of-holiday-labor/.

Samson, David R., Alyssa N. Crittenden, Ibrahim A. Mabulla, Audax Z. P. Mabulla y Charles L. Nunn. "Chronotype Variation Drives Night-Time Sentinel-Like Behaviour in Hunter-Gatherers." *Proceedings of the Royal Society B (Procedimientos de la Royal Society B)* 284 (2017): 20170967.https://doi.org/10.1098/rspb.2017.0967.

Sandberg, Sheryl. *Vayamos adelante (Lean In): Las mujeres, el trabajo y la voluntad de liderar)* Londres: W.H. Allen, un sello de Penguin Random House, 2013.

Seidler, Aileen, Katy Sarah Weihrich, Frederik Bes, Jan de Zeeuw y Dieter Kunz. "Seasonality of Human Sleep: Polysomnographic Data of a Neuropsychiatric Sleep Clinic." En "Sleep and Circadian Rhythms," *Frontiers in Neuroscience (Fronteras en neurociencia)* 17 (2023). https://doi.org/10.3389/fnins.2023.1105233.

Seo, Hannah. "What Does It Mean to Be Likable – and Who Has to Abide by Those Rules?." *The Guardian.* 18 de diciembre de 2023. https://www.theguardian.com/wellness/2023/dec/18/likability-women-people-of-color-gender-bias.

Tews, Michael J., Kathryn Stafford y Jinfei Zhu. "Beauty Revisited: The Impact of Attractiveness, Ability, and Personality in the Assessment of Employment Suitability." *International Journal of Selection and Assessment (Revista internacional de selección y evaluación)* 17, núm. 1 (2009): 92–100. https://doi.org/10.1111/j.1468-2389.2009.00454.x.

Ware, Bronnie. *De qué te arrepentirás antes de morir: Los cinco mandamientos para tener una vida plena.* Segunda edición. Carlsbad, CA: Hay House UK, 2019.